Ein

Wörterbuch

vom

SPECHT - Verlag

DEUTSCH - RUSSISCHES

Technisches Wörterbuch

der

Walztechnik und verwandter Gebiete

zusammengestellt

Artur - Andrejewitsch Walth
Thomas Specht
Thomas Montag

SPECHT - Verlag . ERLANGEN

НЕМЕЦКО – РУССКИЙ

ТЕХНИЧЕСКИЙ СЛОВАРЬ

по

прокатной технике и родственным областям

Составили

Артур Андреевич Вальт
Томас Шпехт
Томас Монтаг

Издательство "Шпехт" · ЭРЛАНГЕН

Wir bedanken uns für die
Mithilfe von:

Anja und Wera Filippowa
Agathe Grad
Nelly Wolf

CIP - Kurztitelaufnahme der Deutschen Bibliothek

Walth, Artur - Andrejewitsch
Fachwörterbuch, Deutsch - Russisch
        (Elektrotechnik - Teilgebiet Walzenstraßen)

1. Auflage 1985
© 1985 by SPECHT - Verlag, Erlangen
Druck: Druckladen, Erlangen
Foto : Werkfoto Siemens

ISBN 3-925325-00-X

HINWEISE ZUR BENUTZUNG

1) Durch einen Apostroph wird der vordere Teilbegriff eines Ausdruckes abgetrennt, der bei den folgenden Ausdrücken durch einen Bindestrich ersetzt wird.

    Beispiel: Abdeck'haube
                     - kappe   = Abdeckkappe

2) Die in runden Klammern hinter den Hauptbegriffen stehenden Worte dienen zu deren Erläuterung.

    Beispiel: Abfluß (Wasser)   = Abfluß für Wasser oder Wasserabfluß

О ПОЛЬЗОВАНИИ СЛОВОРЕМ

I) В составных словах основа слова отделяется апострофом, которая в следующих выражениях заменяется дефисом.

    Пример: Abdeck'haube
                    - kappe   = Abdeckkappe

2) Заключенные в круглые скобки слова за главным термином служат пояснению слова.

    Пример: Abfluß (Wasser) = Abfluß für Wasser oder Wasserabfluß

A - Seite	сторона привода
Abblasdüse	форсунка сброса
Abblasedruck	давление сброса
abblasen	сбросить
Abblasen	сброс
abbremsen	затормозить
Abbruchfehler	ошибка отбрасывания
Abdeck'blech	перекрытие из листового металла
- blech	перекрывающая плита
- blech	лист перекрытия
- haube	колпак
- kappe	перекрывающий колпак
- leiste	перекрывающая рейка
- platte	плита перекрытия
- platte (Plattenbelag)	плитный настил
- rost	перекрывающая решётка
Abdeckung	перекрытие
Abdicht'blech	уплотняющий лист
- ring	уплотняющее кольцо
Abdichtung	уплотнение
Abdichtungsplatte	уплотняющая плита
Abdrehung	обточка
Abdruckschraube	отжимный винт
abdrücken	отжимать, испытывать под давлением
Abdrückgewinde	отжимная резьба
Abfall	отход
Abfall (Spannung)	понижение
Abfallstoffe	отходы, отбросы
abfallverzögert	с замедленным опусканием
Abfallverzögerung	выдержка времени на размыкании (контактов)
Abflachung	притупление, срезание, фазка
Abfluß (Wasser)	сток, выпуск, выход
Abfluß	отвод
Abflußstutzen	сточной штуцер
Abfühleinheit	блок считывания
Abführsystem	система уборки
Abführungsstellen	места выбросов
Abfuhr	уборка
- rollgang	отводящий рольганг

Abfuhr'rost	отводящая решётка
- system	система уборки
- system	система транспортировки обрези
Abgabeposition	позиция отдачи
Abgang	ответвление, отвод, убыль
Abgangsort	фидер
Abgas	выхлопной газ, отработанный газ, отработавший газ
- fanghaube	колпак для улавливания отработанных газов
- gebläse	дымосос
- leitung	газоотводный провод
- menge	количество отработанного газа
- rohr	газоотводная труба
- sperrschieber	отсечной шибер
- system	дымовая система
- ventilator	вентилятор для отсоса газов
abgebrochen	прервано
abgefedert	подпружиненный
abgelaufen	истекло
abgelegt	отложено
abgeschaltet	отключенный
abgesenkt	опущенный
abgesetzt	ступенчатый
Abgleich	уравновешивание, выравнивание
Abgleichanleitung	инструкция уравнивания
abgleichen	согласовывать, настраивать
Abgleich'richtung	направление настройки
- widerstand	уравнительное сопротивление
- zeit	время уравнивания
Abhaspel	разматыватель
- segment	сегмент разматывателя
Abhebesteuerung	управление подъмным механизмом
abholbereit	готов к отзыву
Abholort	адрес отправления
Abisolierzange	цанга для снятия изоляции
Abkühlperiode	режим охлаждения
abkuppeln	отсоединение
Ablageposition	позиция укладки

Ablage'rost	решётка для укладки
- stellung	положение укладки
- tisch	стол для укладки
Ablaß	слив
- anschluß	спускной патрубок
- anschluß (ins Freie)	патрубок для спуска в атмосферу
ablassen	выпускать
Ablaß'hahn	расходный кран, сливной кран, выпускной кран
- magnetventil	выпускной магнитный клапан
- ventil	выпускной вентиль
- ventil	спускной клапан
Ablauf	отвод, сток, отток
- kette	отводящая цепь
- rollgang	отводящий рольганг
- sperrdruckwaage	устройство компенсации давления на сливе
- steuerung	управление процессом
- steuerung (Arbeitsgang)	система управления последовательностью опереций
- steuerung (Prozeß)	программное управление технологическим процессом
- verteilerrollgang	отводящий распределительный рольганг
ablegen	укладывать
Ablege'platz	место для укладки
- position	позиция укладки
- rinne	жёлоб для укладки
Ablenkkoeffizient	коэффициент отклонения
Ablenkung	отклонение, уклонение
Ableseeinheit	блок считывания
ablöten	отпаять
Abluft	отходящий воздух
- gerät	прибор для отходящего воздуха
- kanal	канал отработанного воздуха
Abmaß	размер, отклонение (от номинального размера)
Abmessung	размер, размерность, измерение
Abmessungsschema	габаритная схема
Abnahme	захват
- position	позиция захвата

Abnahme'prüfung	приёмочное испытание
- vorschrift	правило приёмки
abnehmbar	съёмный
Aböl'anschluß	патрубок обратного масла
- behälter	бак для обратного масла
- filterung	фильтрация обратного масла
- preßzylinder	обратное масло от рабочего цилиндра
- umlauf	циркуляция обратного масла
Abräumen	уборка
Abreinigung	очистка
Abreißkraft	усилие отрыва
Abrollstation	станция для размотки
Absauganlage	отсасывающая установка
Absauge'einheit	насос для опорожнения
- einrichtung	вытяжное устройство
Absaug'gerüst	отсасывающий короб
- haube	вытяжной колпак
Absaugung	отсос
Abschaltautomatik	автоматика выключения
abschalten	отключить, выключить
Abschalt'logik	логика отключения
- moment	отключающий момент
- strom	ток отключения
Abschaltung (Stoppen)	остановка
Abschaltung	отключение
Abscheider (mit Handablaß)	отделитель с ручным выпускным клапаном
Abschiebehebel	рычаг сталкивателя
abschieben	сталкивать
Abschieber	сталкиватель
Abschiebevorrichtung	сталкиватель, сталкивающее устройство
abschirmen	экранировать
Abschirmung	экранирование
Abschlämmsystem	система удаления грязи
Abschleifbock	обдирочная стойка, шлифовальный козёл
abschleifen	отшлифовать, сошлифовать
Abschluß'blech	концевой лист
- deckel	запорная крышка
- ring	запорное кольцо
abschneiden	отрезать
Abschnitt	секция

Abschwächerstellung	ослабительная позиция
Absenkblock	опускающийся блок
absenken	опустить
Absenk'steuerblock	блок управления опусканием
- tisch	опускающийся стол
Absetzbecken	отстойник
Absetzen	осаждение, седиментация
Absicherung	ограждение
Absicherung (Schutz)	защита
absolut	абсолютно
Absperrarmatur	запорная арматура
absperrbar	запираемый
absperren	отключить
Absperr'hahn	стопорный кран, перекрывной кран, запорный кран
- klappe	заслонка, запорный клапан
- klappe (Naßelektrofilter)	запорная заслонка
- schieber	(запорная) задвижка, запорный шибер
- ventil	запорный клапан
- ventil	запорный вентиль
- ventilmeldung	сигнализация запорного вентиля
Abspritzvorgang	обрызгивание
Abstand	расстояние
Abstands'buchse	распорная втулка
- maß	размер
- ring	распорное кольцо
- schelle	дистанционный хомут
- sicherung	устройство для защиты от сталкивания
- stück	распорка
Absteckachse	разбивочная ось
abstellen	отключить
abstimmen	согласовать
Abstreifdüse	сопло для смыва воды
Abstreifer	грязеотделитель
Abstreifmeißel	нож проводки
Abstützrolle	опорный ролик
Abstützung	опора
Abtransport	отвоз
Abtrieb	ведомый вал
Abtriebswelle	выходной вал

Abtriebszapfen	ведомая цапфа
Abwärmemenge	количество отводимого тепла
abwärts	вниз
Abwasser	отводящая вода
- pumpe	насос для сточной воды
- schacht	шахта для отвода сточной воды
- sumpfgrube	приямок для сточной воды
Abweichung	отклонение, уклонение
Abweiser	направляющее устройство
Abweisring	отбойное кольцо
Abwickelung	развёртка, развёртывание, разматывание
Abwurf	опрокидывание
Abziehen	снятие
Abziehgerät	устройство для закругления
Abziehkraft - Prüfwerkzeug	манометр для измерения усилия натяжения
Abzieh'nut	канавка для снятия
- prüfwerkzeug	устройство контроля плотности зажима
- vorrichtung	сниматель
Abzweig (Einspeisung)	фидер
Abzweig (Rohrleitung)	ответвление
Abzweigfeld	ячейка вывода
Achs'abstand	межосевое расстояние
- ansatz	осевая насадка
Achse	ось
Achsen'regelung	осевая регулировка
- verstellung	перемещение осей
- winkel	межосевой угол
Achs'halter	оседержатель
- plan	схема осей
achsversetzt	смещение оси
Adapter	адаптер
- kabel	адаптерный кабель
- leitung	адаптерная линия
- platte	адаптерная плита
adaptierbar	адаптивный
Adaptierungskarte	переходная плата
Adaption	адапция
Ader (im Kabel)	жила
- abstand	расстояние ручьёв

Ader'endhülse	жильная наконечная гильза
- glättung	сглаживание жилы
Adern'bezeichnungsmaterial	материал для обозначения жил
- zahl	жильность
Aderschirm	экранировка жилы
Adjustage (Bereich)	адъюстажное отделение
Adjustage (Vorgang)	адъюстаж
Adjustageeinrichtungen	адъюстажное оборудование
Adressensuche	поиск адреса
Adressfehler	ошибочная адрессация
Adressierfehler	ошибочная адрессация
Adressierung	адресация
Adreßspur	адресная дорожка
ähnlich (analog)	анологический
ähnlich	подобно
Änderung	изменение
Aggregat	агрегат
- zustand	агрегатное состояние
Agressivität (Medium)	агрессивность
Akku	аккумулятор
- entleerung	опорожнение аккумулятора
- modul	аккумуляторный модуль
Akkumulatorenraum	аккумуляторная
akkustisch	звуковой
aktivieren	активировать
Aktivkohle	активированный уголь
aktualisieren	актуализировать
Aktualisierung	актуализация
Alarm	аварийная сигнализация
- auswertung	анализ аварийного сигнала
- eingänge	поступление аварийной сигнализации
- signal	аварийный сигнал
- signalisation	тревожная сигнализация
Alkaligehalt	щёлочность
allseitig einsatzgehärtet	цементация со всех сторон
allseitig nitriert	все поверхности азотируются
alphanumerisch	алфавитно-цифровые клавиши
alphanumerische Tastatur	буквенно-цифровая клавитура
Alternativ'ausführung	альтернативное исполнение
- schaltung	схема сборки, схема "ИЛИ"

alternieren	чередовать
Alterungsbeständigkeit	долговечность
Altöl	отработанное масло
- behälter	бак для отработанного масла
- pumpe	насос для отработанного масла
- sammelbehälter	резервуар для сбора отработанного масла
- tank	бак для отработанного масла
Aluminium	алюминий
- blechwicklung	алюминивая обмотка
- leiter	проводник с алюминивыми жилами
Ampellinsen	светофоровые линзы
Amperemeter	амперметр
Analog'ausgang	аналоговый выход
- eingang	анологовый ввод
- gerätetafel	аналоговая панель
Anbau - Befestigungsstelle	навесные и крепёжные детали
Anbau'leser	монтируемое считывающее устройство
- locher	монтируемый перфоратор
Andrückrolle	прижимной ролик
anfahren	пуск
Anfahr'maß	размер приближения
- maß	пусковой размер
- moment	начальный пусковой момент
- position	позиция запуска
- warnung	пусковая сигнализация
Anfangskonzentration	начальная концентрация
Anfasen	снятие фаски
Anfas'geräte	фаскосъёмный прибор
- maschine	фаскосъёмная машина
- position	позиция снятия фаски
anflächen	цековать, притуплять
Anflämmposition	позиция огневой зачистки
Anflanschfläche	поверхность прифланцовывания
Anforderung	требование
Abforderungsblock	блок запросов
Angebot	предложение
angetriebenes Laufrad	ходовое колесо с приводом
Angriffspunkt	место приложения
Anhängeglied	звено прицепления

Anhänge'haken	крюк
- last	вес груза
- punkt	место для подвески
- vorrichtung	подвесное устройство
- zapfen	подвесная шейка
anhalten	останавливать, задерживать
anheben	приподнять
Anker (elektrisch)	якорь
Anker (mechanisch)	анкер
Anker'bolzenanordnung	расположение анкерного болта
- eisenschiene	анкерная шина
- hilfsbetriebe	питание вспомогательных потребителей
- kasten	анкерная коробка
- kreisschaltgrät	коммутационный прибор цепи якоря
- kreisschütz	контактор цепи якоря
- löcher	анкерные отверстия
- paar	анкерная пара
- platte	анкерная плита
- schalter	выключатель якорной цепи
- schraube	анкерный болт, фундаментный болт
- schraubenplan	перечень фундаментных болтов
- sicherung	предохранитель цепи якоря
- spannung	напряжение анкерной цепи
- speisung	питание якоря
Anker'strom	ток якоря
- änderungsgeschwindigkeit	скорость изменения тока якоря
- istwert	фактическое значение тока якоря
- regler	регулятор тока якоря
- richter	анкерный преобразователь тока
- sollwert	заданное значение тока якоря
Ankerwicklung	обмотка якоря
ankleben	приклеить
ankoppeln	присоединить, подключить
Anlage	установка
Anlagefläche	поверхность прилегания
Anlagen'bereich	участок установок
- kennung	обозначение установки
- leistung	производительность установки
Anlasser	пускатель
- widerstand	пусковое сопротивление

Anlauf	разбег, разгон, запуск
- halteschrittverfahren	старт-стопная система
- platte	упорная плита
- schaltung	схема для запуска
- scheibe	упорная шайба
- strom	пусковой ток
- vorgang	процесс пуска/запуска
- zeit	время запуска
Anlegeleiste	рейка приложения
Anlehnung	примыкание, опора
Anleitung	инструкция
Anmerkung	примечание
Annäherungsschalter	выключатель приближения
Anordnung	расположение
Anordnungs'plan	план расположения
- zeichnung	чертёж расположения
Anpaßelektronik	электроника для согласования
anpassen	пригонять, припасовывать
Anpaßgerät	прибор адаптации
Anpassung (Block)	блок согласования
Anpassung (Vorgang)	адаптация
Anpassungsarbeiten	подгоночные работы
Anregekriterium	критерий возбуждения
Anregelzeit	продолжительность регулирования
anreißen	разметить
Ansatzschraube	винт с заточкой
Ansaug'behälter	бак для всасывания
- druck	давление всасывания
- filter	фильтр со стороны всасывания
- menge	количество отсасываемой среды
- pufferbehälter	буферная ёмкость со стороны всасывания
- schutz	фильтр со стороны всасывания
- schwimmer	всасывающий поплавок
- ventil	вентиль всасывания
Anschaltung	блок подключения
Anschaltvermögen	способность подключения
Anschlag	удар, толчок, упор, ограничитель
- bolzen	упорный палец
- flansch	упорный фланец
- klotz	упорная колодка

Anschlag'ring	упорное кольцо
- stück	упор
- träger	упорная балка
- winkel	упорный уголок
anschließen	присоединить, прикрепить, подключить
Anschluß (Tätigkeit)	подключение
Anschluß (Stutzen)	патрубок
Anschluß (elektr. Tätigkeit)	присоединение
Anschluß'flansch	ответный фланец
- fundament	примыкающий участок фундамента
- größe	присоединительный размер
- kabel	присоединительный кабель
- kasten	блок электрического ответвления
- kasten	клеммная коробка
- kastendeckel	крышка клеммной коробки
- kastenunterteil	нижняя часть клеммной коробки
- klemme	соединительная клемма
- klemmschraube	зажимной соединительный винт
- kopf	присоединительная головка
- kupplung	присоединительная муфта
- leistung	мощность присоединяемых аппаратов
- maß	привязочный размер
- nippel	присоединительный ниппель
- plan	таблица подключения
- platte	присоединительная плита
- punkt	точка подключения
- rohr	соединительный трубопровод
- schaltbild	электрическая схема подключения
- schaltung	схема соединения
- schiene	шина подсоединения
- schlauchtülle	присоединительная шланговая насадка
- spannung	напряжение подключения
- stelle	место присоединения
- stellenumschalter	переключатель мест подключения
- stopfen	присоединительная пробка
- stück	присоединительная деталь
- stutzen	присоединительный штуцер
- wert	присоединённая нагрузка
- zeichnung	примыкающий чертёж
anschmieden	приковать

Anschweiß'blech	приварной лист
- ende	приварная заглушка
- kegel	приварной конус
- nippel	приварной ниппель
- platte	приварная плита
- reduzierkegel	приварной переходной конус
- stück	приварная деталь
- stutzen	приварной патрубок
Ansicht	вид
Ansprechdruck	давление срабатывания
ansprechen	срабатывать
Ansprech'genauigkeit	точность срабатывания
- kriterium	критерий обращения
- strom	ток реагирования
- wert	параметр срабатывания
anstechen	проход
Anstell'buchse	установочная втулка
- daten	данные по установке и калибровке клетей
anstellen	установить
Anstell'gehäuse	корпус установочного механизма
- geschwindigkeit	скорость установки
- getriebe	редуктор установочного механизма
- klappe	фиксирующая планка
- mechanismus	установочный механизм
- motor	исполнительный двигатель
- mutter	нажимная гайка
- spindel	установочный шпиндель
- stange	штанга управления
Anstellung	установка
Anstell'welle	установочный вал
- wert	параметры установки
- zylinder	установочный цилиндр
Ansteuerbaugruppe	управляющий узел
ansteuern	управлять
Ansteuerung	управление
Anstich	первый пропуск
Anstieg	увеличение
Anstrich	окраска
- vorschrift	инструкция по окраске

antivalent	неравнозначный
Antiwärmscheibe	антитепловая шайба
antreiben	приводить в действие, двигать
Antrieb	привод
Antriebs'flansch	фланец со стороны привода
- funktionsbaustein	функциональный модуль привода
antriebsgegenseitig	взаимопроводной
Antriebs'hebel	приводной рычаг
- kette	приводная цепь
- kettenrad	ведущая звёздочка
- kupplung	приводная муфта
- moment	движущий момент
- rad	приводное колесо
- ritzelwelle	вал ведущей шестерни
- seite	сторона привода
antriebsseitig	со стороны привода
Antriebs'spindel	ведущий шпиндель
- stand	стенд привода
- station	станция привода
- steuerung	управление приводом
- steuerwerk	механизм управления приводом
- störung	неисправность привода
- teile	детали привода
- untersatz	рама привода
- unterverteilung	приводной распределитель
- verteilung	устройство приводов
- welle	приводной вал
- zapfen	приводная цапфа
- zylinderschneckengetriebe	червячный редуктор привода с цилиндрическим червяком
Anwärmofen	печь нагрева
Anwahl	выбор
Anweisung	инструкция
Anwenderprogramm	прикладная программа
Anwendung	применение
Anzahl	количество
Anzapfung	отбор, отвод, отпайка
Anzeige	показание
Anzeige	индикация
- art	вид индикации

Anzeige'baugruppe		индикаторный модуль
- diode		индикаторный диод
- gerät		индикаторный прибор
- lampe		индикаторная лампа
Anzeiger		индикатор
Anzeige'skala		индикаторная шкала
- stift		индикаторный палец
- teil		блок индикации
- vorrichtung (Gerät)		индикаторный прибор
- vorrichtung		индикаторное устройство
Anziehdrehmoment		момент затяжки
anziehen		натягивать, притягивать, затягивать
Anzieh'moment		момент затяжки
- sperre		блокировка стягивания
Anzugs'drehmoment		начальный пусковой момент
- moment		момент затяжки
- verfahren		способ затяжки
anzugverzögert		с замедленным притягиванием
Anzugverzögerung		замедление затягивания
Apparat		аппарат
Apparateklemme		зажим аппарата
Apparatur		аппаратура
Arbeit		работа
Arbeits'anschluß		рабочее подключение
- balken		рабочая балка
- bereich		зона работы
- breite		рабочая ширина
- bühne		рабочая площадка
- druck		рабочее давление
- folge		последовательность операций
- gangauswahl		выбор операций
- hub		рабочий ход
- kante		рабочая кромка
- kontakt		рабочий контакт
- maschine		рабочая машина
- phase		рабочая фаза
- plan		план работы
- platz		рабочее место
- pumpe		рабочий насос
- rollgang		рабочий рольганг

Arbeits'speicher	оперативная память
- spiel	рабочая операция
- stromauslöser	выключающая катушка
- stromschaltung	коммутация рабочего тока
- verlängerung	удлинение работы
- verlängerungsrollgang	рабочий удлиняющий рольганг
- vorbereitung	планово-распределительное бюро
- walze	рабочий валок
- weg	рабочий путь
- weise	режим работы
- windung	рабочий виток
- zeichnung	рабочий чертёж
- zyklus	рабочий цикл
- zylinder	рабочий цилиндр
Archiviervorgang	процесс архивирования
Argon	аргон
Arm	рычаг
Armatur	арматура
Armaturen'ablage	место для укладки арматуры
- ablagetisch	стол для укладки арматуры
- antrieb	привод арматуры
- baustand	стенд для монтажа арматуры
- klemmzylinder	цилиндр для зажима прокатной арматуры
- palette	поддон для арматуры
- platte	панель арматуры
- regal	стеллаж для арматуры
- verstellung	установка арматуры
- werkstatt	мастерская для ремонта арматуры
Armatur'halter	держатель арматуры
- rahmen	рама арматуры
- rahmenklemmung	зажим арматурной рамы
- rahmenklemmzylinder	цилиндр для зажима рамы прокатной арматуры
- stellung	положение арматуры
Armierung	бронирование
Arpex - Kupplung	муфта ARPEX
Arretier'bock	фиксирующая стойка
- bolzen	арретир
- bolzen	фиксатор
arretieren	фиксировать

Arretierleiste	фиксирующая планка
Arretierung	фиксирование
Artstraße	режим работы прокатного стана
Assembler	ассемблер
Assembler - Sprache	язык ассемблер
Assemblervorgang	процесс ассемблирования
Astlochdübel	пробка для заделки сучковых отверстий
Asynchronmotor	асинхронный двигатель
Aufbau	конструкция
Aufbefehl	команда подъёма
auffahren	подъём
Auffahrkontakte	контакты подъёма
Auffangbehälter	улавливающий резервуар
auffangen	улавливание
Auffangmulde	улавливающий лоток
auffinden	обнаружение
auffüllen	наполнить
Aufgabe	задача, загрузка, задание
- rollgang	приёмный рольганг
- rost	загрузочная решётка
aufgezogen	натянуто
aufgleiten	надвигаться
Aufhänge'bügel	подвесная скоба
- glied	подвеска
- schiene	подвесная шина
Aufheiztemperatur	температура нагрева
Aufhellpunkte	пункты подвески
aufkeilen	закрепить шпонками
aufklappen	открыть, откинуть
aufladen	заряжать, загружать, наваливать
Auflage	место для укладки
- balken	опорная балка
- blech	подкладка из листовой стали
- bock	стойка для укладки
- fläche	опорная поверхность
- holm	приёмная плита тележки для перевалки волков
- knopf (Ofen)	рейтер
- leiste	опорная планка
Auflager	опора, опорная постель, опорная часть

Auflagerost	решётка для укладки
Auflagerspieß	консольная балка
Auflauf'ring	упорное кольцо
- rinne	приёмный жёлоб
Auflegerost	решётка для укладки
Auflistung	перечень
Auflöten	припаивание
aufnahmebereit	готово к приёму
Aufnahme'bohrung	посадочное отверстие
- leistung	потребляемая мощность
- position	позиция приёма
- stellung	положение приёма
- verstimmung	растройка потребления
Aufnehmer	приёмник, сборник, ресивер, датчик
aufrecht	вертикально
aufrichten	устанавливать
Aufruflänge	длина вызова
aufschrumpfen	надевать в горячем состоянии
aufsetzen	насадить
Aufspannplatte	крепёжная плита
aufstecken	насаживать, надевать
Aufsteck'kegelstirnradgetriebe	насадной редуктор с коническими и цилиндрическими зубчатыми колёсами
- schneckengetriebe	насадной червячный редуктор
- stützen	насадной штуцер
- stutzen	насадной патрубок
Aufstellung	план расположения
Aufstellungs'höhe	высота установки
- ort	место установки
- plan	план расположения
- zeichnung	чертёж расположения
Aufsuchen	поиск
Aufteilung	разделение
Auftrag	заказ
auftraggeberseitig	со стороны заказчика
Auftrags'baugruppe	узел по заказу
- einheit	единица заказа
auftrags'gebunden	в зависимости от заказа
- geschweißt	наплавливать
Auftragsschweißung	наплавка

aufwickeln	наматывать, навивать, сматывать
Aufzeichnungs'geschwindigkeit	скорость записи
- spur	дорожка записи
aufziehen	поднимать вверх, надевать
Aufziehvorrichtung	устройство насаживания
Aufzug	лифт, подъёмник
aufzugsspezifisch	удельны для лифта
Auge	смотровое окно
Augenschraube	рым-болт
Aus	выключено
ausbalancieren	уравновешивать
Ausbau	демонтаж, разборка
Ausbau'hilfe	вспомогательные инструменты для демонтажа
- hub	ход для монтажа
- luke	люк для демонтажа
- maß	размер для демонтажа
- seite	сторона демонтажа
ausbauseitig	со стороны демонтажа
Ausbau'stellung	положение для монтажа
- stufe	этап строительства
- traverse	траверса для монтажа
Ausblasvorrichtung	продувочное устройство
ausbrennen	выгорать, догорать, выжигать
Ausbringungsfaktor	коэффициент выпуска
Ausbruch	выброс, выемка, извержение
- rinne	жёлоб выброса
Ausdruck	распечатка
Ausdrückrolle	выталкивающий ролик
auseinanderdrücken	разжимать, отжимать
Ausfahrbett	направляющая
ausfahren	выдвинуть
Ausfahrposition	позиция выдвижения
Ausfahrschienen	рельсы для выдвижения
Ausfahrt	выдвижение
Ausfahrvorrichtung	выдвижное устройство
Ausfall	выход из строя
ausführen	выполнить, выводить
Ausführkasten	выводная коробка
Ausführung	исполнение

Ausführungszeichnung	рабочий чертёж
Ausgabe	выдача
- bausteine	модули вывода
- blattschreiber	телетайп выдачи
- block	блок данных вывода
- einheit	блок выдачи
- einrichtung	устройство вывода данных
- glieder	звенья вывода
- platz	место выдачи
Ausgang	выход
Ausgangs'byte	исходный байт
- daten	исходные данные
- länge	исходная длина
- lage	исходное положение
- nahtstellen	выходные места сопряжений
- position	исходное положение
- relaismodul	выходной релейный модуль
- spannung	выходное напряжение
- stellung	исходное положение
- stellung	выходное положение
- ventil	выходной клапан
- verstärker	выходной усилитель
- welle	выходной вал
- wellenkupplung	муфта выходного вала
Ausgleicher	компенсатор
Ausgleichkolben	уравнительный поршень
Ausgleichs'bleche	прокладки
- gewicht	контргруз
- ort	место уравнивания
- platte	компенсационная плита
- strecke	промежуточный участок
- traverse	балансир
Ausgleich'zone	зона выдержки
- zylinder	уравнительный цилиндр
Aushebevorrichtung	устройство для вывода линеек
Aushub	выемка
Auskleidung	футеровка, облицовка, выкладка
Ausklinken	расцепление
Ausklinkzylinder	расцепительный цилиндр
Auslagerbereich	участок выдачи

auslagern	разгрузить
Auslagern	разгрузка
Auslagerung (aus dem Lager)	выгрузка из склада
Auslagerung (aus dem Haltefallager)	выгрузка из высотного склада
Auslagerungsrost	разгрузочная решётка
Auslaß	выпускное отверстие
- elemente	выпускные элементы
Auslauf	выход
- führung	направляющая на выходе
- gerüst	выходная клеть
- radius	радиус на выходе
- rinne	выходной жёлоб
- rolle	выводной ролик
- rollgang	отводящий рольганг
- seite	выходная сторона
auslaufseitig	со стороны выхода
Auslauftrichter	выпускная воронка
Auslegen	разгрузка
Auslegungsdruck	расчётное давление
Auslegungstemperatur	расчётная температура
Auslesen	считывание.
Auslöse'einrichtung	спусковое устройство
- gerät	расцепитель
- magnet	магнит расцепления
- mechanismus	механизм расцепления
Auslöser	расцепитель, пусковое устройство
Auslöse'relais	выключающее реле
- sättigungswandler	трансформатор тока устройств автоматического поворотного включения
- strom	ток расцепления
Auslösung	расцепление
Ausmauerung	футеровка
ausmeißeln	выдалбивать, высекать зубилом
ausmessen	измерять
Ausnehmung	выемка
ausrangieren	выравнивать
Ausrichtblech	выравнивающая подкладка
Ausrichten	выверка
Ausrichtkante	кромка для выверки
Ausrichtungsspindel	центрирующий шпиндель

Ausrüstung (elektr.)	электрооборудование
Ausrüstung (pneumat.)	пневматическое оборудование
Ausrüstungsachse	ось оборудования
Ausschaltbedingung	условие отключения
ausschalten	выключить
Ausschalt'stellung	позиция выключения
- störmeldung	сигнализация нарушения отключения
- störung	нарушение отключения
- verzögerung	задержка отключения
- vorgang	процесс отключения
Ausscheidung	выделение
Ausscheidungszyklus	цикл выделения
ausschieben	выдвигать
Ausschnitt	вырез, прорез, вырезка
ausschwenken	повернуть
Ausschwenk - Hydromotor	поворотный гидродвигатель
außen	снаружи
außen (Bedienungslage)	положение обслуживания
Außen'durchmesser	наружный диаметр
- fläche	наружная поверхность
- gewinde	наружная резьба
- kante	наружная грань
- lüfter	наружный вентилятор
- luftkanal	канал для подачи воздуха
- luftventilator	наружный вентилятор
- mantel	рубашка
- maße	габариты
- mikrometer	наружный микрометр
- radius	наружный радиус
- ringe	наружные кольца
- seite	наружная сторона
- stütze	наружная опора
- verbindung	наружное соединение
- verzahnung	наружное зубчатое зацепление
- wand	наружная стена
Aussetzbetrieb	прерывистый режим работы
Aussortieren	отсортировка
Aussparung	выемка
Aussteuergrenze	ограничение глубины модуляции
Aussteuerung (Gerät)	регулирующий прибор

Aussteuerung (Vorgang)	регулирование
Aussteuerungs'begrenzung	ограничение модуляции
- regelung	регулировка глубины модуляции
Aussteuerwinkel	угол регулирования
Ausstoßmaschine	выгрузочная машина
Austausch	замена
austauschen	заменить
Austrag	выдача
Austrage'arm	приёмный рычаг
- mechanismus	механизм выдачи
austragen	выдавать
Austrage'zyklus	цикл выдачи
- zylinder	цилиндр выдачи
Austrags'maschine	механизм выдачи
- seite	сторона выдачи
Austritt	выход
Austritts'querschnitt	заданное значение поперечного сечения на выходе
- stutzen	выпускной патрубок
- temperatur	температура на выходе
- zyklus	режим выхода
Auswahl	выбор
auswechselbar	заменяемый
Auswechseln	смена
Auswerfen	сталкивание
Auswerfer	сталкиватель
Auswerte'gerät	вычислительный прибор
- system	система анализа
Auswertung	анализ
Auswuchten	балансировка
ausziehen	извлечь
Ausziehen	извлечение
Auszieh'rolle	вытяжной ролик
- sperre	выдвижная блокировка
- strang	тяга для вывалки клетей
- wagen	транспортная тележка
Auszug - Duo	устройство для выдвижения роликов дуо
Auszugswagen	вытяжная тележка
Automanipulator	автомобильный манипулятор
Automat	автомат

Automatikbetrieb	– 25 –	**Axialverstellungsmechanismus**

Automatik'betrieb автоматический режим работы
  – kette автоматическая цепь
  – meldung автоматическая сигнализация
  – simulation имитация работы в автоматическом режиме
automatisch автоматически
Automatisierungs'gerät прибор управления
  – system система автоматизации
axial осевой
Axial'drucklager подшипник под осевым давлением
  – gebläse осевой вентилятор
  – kegelrollenlager упорный конический роликоподшипник
  – kolbenmotor аксиально-поршневой гидродвигатель
  – kolbenpumpe аксиально-поршневой насос
  – pendelrollenlager самоустанавливающийся упорный роликоподшипник
  – rillenkugellager упорный шарикоподшипник
  – teilungsabweichung аксиальное отклонение шага
  – ventilator аксиальный вентилятор
  – verstellungsmechanismus механизм осевого перемещения

Backe	щека, колодка, губа, губка
Backen'bremse	колодочный тормоз
- lager	зажимная опора
Badölschmierung	жидкая смазка погружением
Bahn'größe	поверхность наковальни
- linie - Code	код железной дороги
Balg	сильфон
- zylinderdurchmesser	диаметр сильфона
Balken	балка
- modul	секция балок
Ballen'durchmesser	диаметр бочки
- griff	фасонная ручка
- länge	длина бочки
Band (Stahl)	полосавая сталь
Bandage	бандаж
- draht - Einspeisung	подвод обвязочной проволоки
Band'breite	полоса пропускания
- kabel	ленточный кабель, плоский кабель
- maß	рулетка
- metall	ленточный металл
- paß	(пропускающий) полосовой фильтр
- riß	разрывная полоса
- rißüberwachung	контроль обрыва полосы
- schelle	ленточный зажим
- stahlklemme	зажим из полосовой стали
- wächter	реле контроля полосы
bar	бар
Basisstecker	базисная розетка
Batteriekasten	ящик с батарейками
Bau'art	тип, конструкция, (общая) компановка
- beginn	начало строительства
- bühne	площадка для монтажа
Bauen	строительство, сроение, стройка
Bau'form	тип, конструкция
- größe	типоразмер
- gruppe	узел
- gruppendisposition	компоновка узлов
- gruppenliste	перечень узлов
- gruppenträger	носитель узлов
- gruppenträger (elektr.)	носитель вставных блоков

Bau'jahr	год изготовления
- länge	конструктивная длина
- planung	строительное проектирование
- reihe	серия, конструктивный ряд
- satz	блок, узел
- stand	площадка для монтажа
- standbewegung	движение мест монтажа
- stein	элемент
- stein	модуль
- stelle	строительный участок, место постройки
- stellenmaß	строительный размер
- stellenmontage	монтаж на стройплощадке
- stück	подушка
- stückablage	место укладки подушек
- stufe	этап строительства
- teil	элемент конструкции, заводское изготовление, строительный элемент
- teillageplan	общий план элементов конструкции
- vorschrift	монтажная инструкция
- zeichnung	строительный чертёж
Beanspruchung	нагрузка
bearbeiten	обработать
Bearbeitung	обработка
Bearbeitungs'bereich	участок обработки
- lage	положение обработки
- vorgangscode	код операции
- zeichnung	сборочный чертёж
- zeit	время обработки
- zugabe	припуск на обработку
Becherwerk	ковшовый элеватор
Becherwerkskasten	корпус ковшового элеватора
Becken	резервуар
Bedienelement	элемент управления
bedienen	обслуживать
Bedienerhandbuch	инструкция по обслуживанию
Bedien'feld	панель управления
- seite	сторона обслуживания
- tafel	панель обслуживания
Bedienung	обслуживание
Bedienungsanleitung	руководство по эксплуатации

Bedienungs'blattschreiber	телетайп обслуживания
- element	элемент управления
- feld	панель управления
- gerät	прибор управления
- mann	оператор
- personal	орган управления
- programm	программа обслуживания
- seite	сторона обслуживания
- stand	пульт управления
- teil	блок обслуживания
Bedingung	обслуживание, эксплуатация
beenden	закончить
Befehl	команда
Befehls'dauer	время выполнения команды
- geber	командоаппарат
- schalter	командоконтроллёр
- speicher	запоминающее устройство команд
- stelle	место команды
- taster	ключ управления
- vorrat	количество команд
Befestigung	крепление
Befestigungs'eisen	крепёжный элемент
- element	крепёжная деталь
- gewinde	крепёжная резьба
- leiste	крепёжная колодка
- loch	монтажное/крепёжное отверстие
- material	крепёжный материал
- mutter	крепёжная гайка
- punkt	точка крепления
- rand	край крепления
- ring	зажимное кольцо
- sätze	нобор крепления
- schelle	крепёжный хомут
- schraube	крепёжный винт
- spindel	шпилька крепления
- teil	деталь для крепления
Befüllanschluß	заправочный патрубок
befüllen	наполнить
Befüll'hahn	кран наполнения
- leitung	заправочный трубопровод

Befüll'pumpe	заправочный насос
- station	заправочная станция
Befüllung	наполнение
Befüllventil	клапан наполнения
Beginn	начало
Begleitrohrleitung	сопутствующий трубопровод
Begrenzung	ограничение
Begrenzungsspannung	ограничительное напряжение
Behälter	бак
Behälter	резервуар
Behälter'bühne	площадка бака
- deckel	крышка бака
- inhalt	ёмкость бака
- luft	воздух в баке
- öffnung	отверстие бака
- rücklauf	возврат к резервуару
- unterkante	нижний край бака
behandeln	обрабатывать
Behandlung	обработка
Beheizung	нагрев
Beheizung	обогрев
Behinderung	помеха
beidseitig	с двух сторон
Beilage (im Vertrag)	приложение
Beilage (mechan.)	прокладка
- blech	листовая прокладка
Beilagen'maß	размер прокладки
- wechselvorrichtung	устройство для смены прокладок
Beilage'paket	пакет прокладок
- ring	кольцевая прокладка
Beilagscheibe	шайба
Beilegering	распорное кольцо
beinhalten	содержать
Beipack	при этом упаковано
Beipaßrauchzugkanal	обводный боров
Beißzange	кусачки
Beiwert	коэффициент
Beladeanlage	загрузочная установка
beladen	загрузить
Beladeposition	позиция загрузки

Belade'vorrichtung	загрузочное устройство
- vorrichtung	устройство загрузки
- zeit	время загрузки
- zyklus	цикл загрузки
Beladungsstelle	место загрузки
Belag	настил
- blech	облицовочный материал
Belastbarkeit	несущая способность
belasten	нагружать, напрягать
Belastung	нагрузка, напряжение
Belastungs'angabe	указание нагрузки
- einheit	блок испытания
- plan	план нагрузки
- widerstand	нагрузочное сопротивление
belegen	занять
Beleg'fluß	документооборот
- platz	занимаемое место
belegt	занято
Belegung	занятость
Belegung	расположение элементов
Belegungs'kontrolle	контроль занятости
- plan	план размещения
beleuchten	освещать
Beleuchtung	освещение
Beleuchtungs'anlage	осветительная установка
- körper	осветительное оборудование
- stärke	освещённость
- transformator	трансформатор системы освещения
Belichtungszeit	время экспозиции, выдержка
Belüfter	вентилятор
Belüftung	проветривание, вентиляция
Belüftungs'aggregat	вентиляционный агрегат
- anlage	приточная вентиляционная установка
- filter	вентиляционный фильтр
- kanal	вентиляционный канал
- keller	подвал вентиляционных установок
- station	вентиляционная станция
- zuleitung	линия для подачи воздуха
Bemerkung	примечание
Bemerkungsschema	габаритная схема

Benennung	Bestellung
Benennung	наименование
benetzen	смачивать, увлажнять
Berechnung	расчёт
Berechnungsdruck	расчётное давление
Bereich	диапазон
Bereich	участок
Bereichsarbeitszeit	время работы участков
bereit	готов
Bereitschaftsstellung	позиция готовности
Berichterstattung	протокол
Berührungsschutz	защита от прикосновения
Beruhigungs'strecke	участок успокоения
- zeit	время успокоения
beschädigen	повредить
Beschaltung	присоединение, оснащение
beschichtet	с покрытием
beschicken	загружать, засыпать
Beschicker	загрузчик
Beschicker	питатель
Beschickung	загрузка, завалка, засыпка
Beschickungs'maschine	загрузочная машина
- mechanismus	механизм загрузки
- platz	место загрузки
- rost	загрузочная решётка
- seite	сторона загрузки
- stirnwand	загрузочная торцевая стенка
- sturz	ригель загрузки
- tisch	загрузочный стол
- tür	загрузочное окно
- zyklus	цикл загрузки
beschleunigen	ускорять
Beschleunigung	ускорение
Beschleunigungs'begrenzer	задатчик интенсивности
- begrenzung	ограничение ускорения
Beschreibung	описание
Beschriftung	надпись
Beschriftungs'leiste	планка надписей
- maschine	машина для нанесения надписей
Bestellnummer	номер заказа
Bestellung	заказ

Bestimmungen	правила
bestücken	оснащать
Bestückung	расположение элементов
Besuchergalerie	мост для поситителей
Betätigung	запуск, пуск
Betätigungs'element	элемент управления
- hebel	исполнительный рычаг
- ort	место управления
- spannung	напряжение цепи управления
Beton'kanal	бетонный канал
- platte	бетонная плита
- plattenabdeckung	перекрытие из бетонных плит
- stahl	арматурная сталь
Betrieb	работа
Betriebs'anleitung	руководство по эксплуатации, инструкция по эксплуатации
- art	режим работы
betriebsbereit	готов к эксплуатации
Betriebs'daten	производственные данные
- drehzahl	рабочее число оборотов
- druck	рабочее давление
- endschalter	рабочий концевой выключатель
- kapazität	производственная мощность
- leitung	рабочая линия
- meldung	сигнализация процесса
- mittel	рабочее средство
- moment	установленный крутящий момент
- nennstrom	рабочий номинальный ток
- öffnung.	эксплуатационный проем
- pumpe	производственный насос
- seite	со стороны эксплуатации
- spannung	рабочее напряжение
- steuerung	управление производством
- strom	рабочий ток
- stunden	рабочие часы
- stundenzähler	счётчик рабочих часов
- temperatur	рабочая температура
- überdruck	рабочее избыточное давление
- unterbrechung	простой эксплуатации
- viskosität	рабочая вязкость

Betriebs'wasserkanalisation	система производственной канализации
- zeit	время работы
- zustand	состояние работы
Bett	станина
Bettkante (Schlepperfahrbahn)	край направляющего шлеппера
Bettlänge (Schlepperfahrbahn)	длина направляющего шлеппера
Bettschlitten	продольная каретка
Beugewinkel	угол изгиба
Bewegung	движение
Bewertungsgruppe	оценочная группа
Bezeichnung	обозначение
Bezeichnungs'plan	схема условных обозначений
- schild	щиток
beziehen	ссылаться
bezüglich	относительно
Bezugs'buchstabe	относительная буква
- fläche	контрольная поверхность
- linie	контрольная линия
- maß	контрольный размер
- maß	привязка
- profil	исходный контур
Biege'beanspruchung	напряжение изгиба, напряжение при изгибе
- festigkeitsgrenze	граница предела прочности при изгибе
- moment	изгибающий момент
biegen	гнуть, изгибать, сгибать, загибать
Biegen	гибка, гнутьё, изгибание, загибка
Biege'radius	радиус изгиба
- spannung	напряжение изгиба
Bild'ablenkung	кадровая развёртка
- auflösung	чёткость изображения
- aufnahme	запись сигналов изображения
- darstellung	воспроизводство изображения
- diagonale	экран по диагонали
bilden	формировать
Bild'fehler	искажение изображения
- helligkeit	яркость изображения
- schirm	экран-дисплей
- schirmgerät	дисплей
Bimetall	биметалл

Bimetallrelais	биметаллическое реле
Binärcode	двоичный код
Binde'anlage	обвязочная машина
- draht	обвязочная проволока, бандажная проволока
- drahtrückgewinnung	возврат обвязочной проволоки
- kopf	обвязочная головка
- maschine	обвязочная машина
- maschinenwagen	тележка обвязочной машины
binden	связывать, вязать, скреплять
Binde'platz	место обвязки
- position	позиция обвязки
- stelle	место обвязки
Bindung	обвязка, соединение, связь, скрепление
Bindungs'ende	конец обвязки
- zyklus	цикл обвязки
Bi - Relais	биметаллическое реле
Birodur	биродур
bistabil	бистабильный
Bit	двоичная единица информации, бит
blank	полированный
Blas'dauer	продолжительность продувки
- düsen	продувочное сопло
Blasen	продувка
Blasenspeicher	гидроаккумулятор с эластичной камерой
Blasluftkompressor	компрессор воздуха продувки
Blatt'feder	листовая пружина
- schreiber	телетайп ввода/вывода
Blech	металлический лист, листовой металл
Blech'belag	листовой настил
- fläche	поверхность листа
blechgekapselt (Kabel)	бронированный
Blechscheibe	стопорная шайба
Bleiakku	свинцовый аккумулятор
Blind'belastung	реактивная нагрузка
- blech	заглушка
- flansch	заглушка
- kappe	заглушка
- lastschwankung	колебание реактивной нагрузки
- laststeilheit	крутизна реактивной нагрузки

Blind'laststoß	нагрузка реактивной мощности
- leistung	реактивная мощность
- leistungshub	регулирование реактивной мощности
- leistungsverbrauch	расход реактивной мощности
- schaltbild	мнемоническая схема
- stecker	реактивный штеккер
- stopfen	замыкающая пробка
- verbrauchszähler	счётчик реактивной электроэнергии
Blink'gerät	прибор проблесковых световых сигналов
- kennung	визуальная мигающая индикация
- leuchte	мигающая лампа
- licht	такт световых сигналов
- licht	магающий свет
- takt	такт световых сигналов
Blitzableiter	грозовой разрядчик
Block	блок
- ablagefläche	место для укладки слитков
- ablagegewicht	вес устройства для укладки слитков
- anfang	начало заготовки
- auflageknopf	рейтер
- durchmesser	диаметр слитка
- flansch	блочный фланец
- freigabe	деблокировка заготовки
- gewicht	вес слитка
- identifikationsstelle	место идентификации заготовки
blockieren	блокировать
Blockierung	блокировка
Block'kugelhahn	блочный шаровой кран
- lage	пакет заготовок
- lager (Stranggußblöcke)	склад непрерывнолитых заготовок
- lager	склад слитков
- nummer	номер заготовки
- oberflächentemperatur	температура поверхности заготовки
- schaltbild	блок-схема
- straße	обжимная клеть
- trafo	блочный трансформатор
- transfer	передача блоков
- transportiermechanismus	механизм транспортировки слитков
blockweise	поблочно
Bock	стойка

Boden (Ofen)	пол
Boden (Gefäß)	днище
Boden'abstand	высота над поверхностью земли
- befestigung	землевое укрепление
- belag	покрытие пола
- blech	донный лист
- fläche	площадь дна
- kanal	канал в основании
- oberkante	отметка чистого пола
- platte	донная плита
- platte (Fundamentplatte)	фундаментная плита
- station	наземная установка
- stopfen	донная пробка
- trägerrost	подподовые балки
Bogen	колено
- länge	длина колена
- stellung	положение колена
- zahnkupplung	зубчатая муфта с круговыми зубьями
Bohrbild	схема расположения обрабатываемых отверстий
Bohren	сверление
Bohrlochstreifen	лента скважин
Bohrung	отверстие
Bohrungs'durchmesser	диаметр отверстия
- nut	паз отверстия
Bolzen	болт
- schraube	шпилька
Brand'bekämpfung	пожаротушение
- gefahr	пожароопасность
- melder	пожарный извещатель
- meldezentrale	центр пожарной сигнализации
- meldung	пожарная сигнализация
Brechbolzen	срезной болт
- buchse	втулка со срезным болтом
- kupplung	предохранительная муфта со срезным болтом
brechen	ломать, дробить
Breitflachstahl	широкополосная сталь
Breitschrift	широкий шрифт
Bremsbelag	тормозная накладка

Bremsblock		тормозной блок
Bremse		тормоз
Bremseinsatz		вставка тормоза
- zeit		время торможения
bremsen		тормозить
Bremsenbefestigung		крепление тормозов
Brems'klotz		тормозная колодка
- kraft		тормозящее усилие, сила торможения
- lüfter		растормаживающее устройство
- luftmagnet		магнит растормаживающего воздуха
- moment		тормозной момент
- position		положение тормоза
- scheibe		тормозной диск
- scheibenkupplung		тормозная дисковая муфта
- schieber		тормозной шибер
- schuh		тормозной башмак
- spannung		тормозное напряжение
- stand		тормозной стенд
- stufe		ступень торможения
- trommel		тормозной барабан
- trommel		тормозной шкив
Bremsung		торможение
Brems'ventil		тормозной клапан
- weg		тормозной путь
- wegkorrektur		корректировка пути торможения
- zange		клещевой механизм для торможения
- zangenbock		стойка клещевого механизма для торможения
- zylinder		тормозной цилиндр
Brenner		горелка
Brenner (Flämmaschine)		резак
Brenner'armatur		арматура горелки
- brücke		пережим
- einschaltzyklus		цикл включения горелок
- schlauch		шланг горелки
- stein		горелочный блок
Brenngas		топливный газ
- druckmangel		недостаток давления природного газа
- mangel		недостаток природного газа
- netz		заводская сеть природного газа

brenngeschnitten	газовая резка
Brenn'leitung	провод для резки
- luft	воздух горения
- luft	воздух для резки
- luftdruckmangel	недостаток давления воздуха горения
- luftgebläse	вентилятор воздуха горения
- luftmenge	расход воздуха для горения
- luftzufuhrleistung	подвод воздуха горения
brennschneiden	газовая резка
Brennschnitt	кислородный рез; рез, выполненный кислородной резкой
Bronze'lager	бронзовый подшипник
- spurlager	бронзовый подпятник
Bruch	излом, ломка, поломка, обрыв
- dehnung	относительное удлинение при разрыве
- last	разрушающая нагрузка
- moment	момент разрушение
- überwachung	контроль разрыва
- verriegelung	блокировка разрыва
Brücke	мост, мостик
Brücken'abgleich	балансировка моста, уравновешивание моста
- spannweite	пролёт моста
- speisespannung	питающее напряжение моста
Brustrückenschleifmaschine	машина для заточки передней и верхней грани пластинки
Buchse	втулка
Büchse	втулка
Bügel	скоба
Bühne	площадка
Bühnen'belag	покрытие площадок
- träger	стойка площадки
Bündel (von Stäben)	пакет
bündig	связано
Bürde	полная проводимость нагрузки трансформатора напряжения
Bürste	щётка
Bürstenhalter	щёткодержатель
bürstenlos	без щёток
Bürstenregal	полка для щёток

bürstenseitig	с щёточной стороны
Bürstenträger	щёточная траверса
- ring	кольцо щёткодержателя
Bund	пакет, рулон, моток, бухта
- ablage	приёмник бунта
- aufnahmeplatte	плата приёма бунтов
- aufnahmestation	станция укладки бунтов
- außendurchmesser	наружный диаметр бунта
- bildekammer	камера формирования пакета
- bildestation	устройство образования бунта
- bildestation	установка формирования пакетов
- bildetasche	мульда для формирования пакетов
- bildevorrichtung	машина для формирования пакетов
- bildevorrichtung (Draht)	устройство для образования бунтов
- bildevorrichtung (Bank)	устройство для образования рулонов
- bindemaschine	машина для обвязки пакетов, обвязочная машина
- bolzen	палец с буртиком
- buchse	втулка с буртиком
- durchmesser	диаметр пакетов
- einlauf	вход в станцию бунтов
- hälfte	половина пакета
- hinterkante	задняя кромка пакета
- höhe	высота бунта
- innendurchmesser	внутренний диаметр бунта
- kippstuhl	опрокидывающее устройство для бунтов
- kippstuhl	кантователь
- mitte	середина бунта
- mutter	гайка с шайбой
- platte	плита пакета
- plattenhub	ход плит для бунтов
- platz	площадка для пакетов
- platzseite	сторона площадки для пакетов
- position	позиция пакета
- station	станция бунтов
- transport	транспортировка пакетов
- wagen	тележка для пакетов
bundweise	поштучно
Bus'übertragung	передача по магистральному каналу
- umschaltkasten	блок-коммутатор

Butan	бутан
- gasanschluß	ввод для бутана
Bypass	байпас
- leitung	байпасный трубопровод
- ventil	байпасный клапан
Byte	байт

C - Haken	С-образный крюк
C - Schiene	С-образная шина
Cadmiumüberzug	покрытие кадмием
Carbonathärte	карбонатная жёсткость
Charge	колоша, шихта (материал), расплав, плавка
Chargennummer	номер плавки
Chargiermaschine	шаржир-машина
chemisch gereinigt	химически очищенный
Chlorkautschuklack	лак из хлоркаучука
Chopperfrequenz	частота вибропреобразователя
Chromatisierung	хромотизация
Chrom'leder	хромовая кожа
- stahl	хромическая сталь
Clevete - Lager	подшипник CLEVETE
Clip - Abzieher	устройство для отсоединения проводников
Clip - Abzugprüfer	устройство для контроля плотности зажима
CO-2 - Anlage	установка CO-2
Code'system	система кодирования
- wandler	преобразователь кода
Codierung	шифровка кода
Compiler	компилятор
Compound	компоунд
Computer'ausdruck	распечатка вычислительной машины
- auszug	распечатка
Container	контейнер
CR-NI-MO - Stahl	сталь CR-NI-MO
CR - Stahl	хромистая сталь

Dach	крыша
- eindeckung	кровельное покрытие
- manschette	шевронная манжета
- paneele	панель для крыши
Dämpfbeseitigung	устранение пара
Dämpfung	демпфирование
Dämpfung	амортизация
Dämpfungs'buchse	демпфирующая втулка
- speicher	аккумулятор демпфирования
- ventil	клапан компенсации давления
Dampf	пар
- bedarf	расход пара
- beseitigung	устранение пара
- druck	упругость пара, давление пара
- druckminderstation	станция редуцирования давления пара
- druckreduzier- und kühlstation	станция редуцирования давления и охлаждения пара
- durchfluß	расход пара
- entfernungsanlage	установка для удаления пара
- heißkühlsystem	система испарительного охлаждения
- heizung	нагревание паром
- heizung (im Gebäude)	паровое отопление
- schlauch	паровой шланг
- trommel	паровой барабан
- überhitzungssystem	систеема перегрева пара
- ventil	паровой клапан
- vorlauf	подающая линия для пара
- zeit	время пара
Datei	массив
- aktualisierung	обнавление массива
Daten'austausch	обмен данными
- blatt	паспорт
- block	блок данных
- baustein	блок данных
- bus	шина данных
- eingabe	ввод данных
- fehler	ошибка в данных
- fluß	информационный поток
- löschen	гашение данных
- protokoll	протокол данных

Daten'rate	скорость передачи данных
- schreibegerät	устройство записи данных
- sichtstation	дисплей
- übertragung	передача данных
- übertragungssteuerung	устройство управления передачей данных
- verkehr	обмен данными
- wort	информационное слово
Datum	дата
Dauerbetrieb	продолжительный режим работы
dauerelastisch	долгоэластичный
Dauer'grenzgleichstrom	длительный предельный постоянный ток
- licht	постоянный свет
dauernd	постоянно
Dauer'strom	ток длительной нагрузки
- strom (Gleichstrom)	постоянный ток
- strombelastung	продолжительная токовая нагрузка
Deckanstrich	кроющее покрытие
Decke (im Ofen)	свод
Decke	перекрытие
Deckel	крышка
- hälfte	полукрышка
- isolator	крышкообразный изолятор
- öffnung	люк в крышке
- schalter	конечный выключатель на крышке
- sicherung	фиксатор крышки
Decken'balken	балка перекрытия
- befestigung	элементы крепления на потолке
- bogen	свод
- brenner	сводовая горелка
- öffnung	проём в потолке
- paneele	потолочная панель
- platte	плита перекрытия
- plattenrippen	рёбра плит перекрытия
- stärke	толщина потолка
- verkleidung	облицовка потолка
Deck'platte (Abdeckung)	плита перекрытия
- platte (Verkleidung)	облицовочная плита
- scheibe (Schutzscheibe)	защитная шайба
- scheibe	перекрывающая шайба
deckungsgleich	равносовмещенный

Decodierschalter	декодирующий выключатель
defekt	дефектный
definieren	дефинировать, определять
Dehn'fuge	термошов
- hülse	расширительная гильза
- schraube	податливый винт
- stab	тензометрический стержень
Dehnung	удлинение, вытягивание, вытяжка, растяжение, расширение
Dehnungs'aufnehmer	тензометрический датчик
- band	лента удлинения, тензометрическая полоса
- fuge	шов удлинения
- meßgeber	тензометрисквий датчик
- transformator	тензометрический трансформатор
Dekade	декада
Dekadenschalter	декадный выключатель
Demontage	демонтаж
Detail	деталь
Detail - Aufgabe	детальное задание
Developer	проявитель
Diabolorolle	ролик диаболо
Diagnoseeinheit	диагностический блок
Diagnose - Laufbedingung	диагноз условия работы
Diagonalfahrt	диагональное перемещение
Dichtband	уплотнительная лента
dichtgeprüft	испытанный на плотность
- geschweißt	плотносваренный
Dicht'masse	уплотняющая масса
- mittel	набивочный материал
- naht	плотный шов
- prüfung	контроль уплотнения
- ring	уплотнительное кольцо
- ringdeckel	крышка уплотнительного коньца
- satz	комплект уплотнений
- scheibe	уплотняющая шайба
Dichtung	уплотнение
Dichtungs'band	уплотнительная лента
- beutel	набор прокладок
- deckel	крышка уплотнения

Dichtungs'element	уплотняющий элемент
- satz	комплект уплотнений
dick	толстый
Dicke	толщина
Dielektrikum	диэлектрик
dielektrisch	диэлектрический
Dienstprogramm	служебная программа
Differential'hydraulikzylinder	дифференциальный гидравлический цилиндр
- zylinder	дифференциальный цилиндр
Differenz	дифференция
- druck	дифференциальное давление
- druckanzeiger	дифференциальный манометр
- druckgeber	датчик дифференциального давления
- druckwächter	дифференциальное реле давления
- verstärker	дифференциальный усилитель
Diffusor	диффузор
digital	цифровой
Digital'anzeige	цифровой индикатор
- ausgabe	цифровой вывод
- eingabe	цифровой ввод
- elektronik	цифровая электроника
- frequenzmesser	цифровой частотометр
- multimeter	цифровой мультиметр
- stoppuhr	цифровой секундометр
- temperaturmesser	цифровой измеритель температуры
- voltmeter	цифровой вольтметр
Dimensionsverstellung	перестановка размеров
DIN	ДИН
Diode	диод
Dioden'beschaltung	диодный монтаж
- stecker	диодный штепсельный разъём
Direktwirkung	прямое воздействие
Diskette	дискет
Disketten'laufwerk	блок приёма дисков
- schrank	шкаф для дискет
Diskriminator	дискриминатор
Dispatcher	диспетчер
- fernsprechanlage	диспетчерская телефонная связь
- raum	диспетчерское помещение

Dispatcher'raum	диспетчерская
- stand	диспетчерский пункт
- steuerung	диспетчерское управление
- zentrale	диспетчерская
Display	дисплей
Disposition (Anordnungsplan)	расположение
Disposition (Anordnung)	расположение
Dispositionszeichnung	чертёж расположения
Distanz'blech	распорный лист
- buchse	распорная втулка
- buchse (Zwischenbuchse)	промежуточная втулка
- büchse	распорная втулка
- gummi	промежуточная резина
- hülse	распорная гильза
- hülse (Zwischenhülse)	промежуточная гильза
- mutter	распорная гайка
- platte	распорная плита
- ring	распорное кольцо
- scheibe	распорная шайба
- stück	промежуточная деталь
dividieren	делить
DMS - Vollbrücke	мост Уистона с тензометрическим датчиком в каждом мосту
Dokumentation	документация
Dokumentationsnummer	номер документации
Doppel'adapter	двойной адаптер
- backenbremse	двухколодочный тормоз
- backenlaufrolle	двухребордный ролик
- baustein	двойной модуль
- belegung	двойная занятость
- bindung	двойная обвязка
- boden	двойной пол
- decke	двойной потолок
- filter	сдвоенный фильтр
- flanschfuß	стойка двойного фланца
- frontfelder	двухфронтовая панель
- impuls	двойной импульс
- maulschlüssel	двухсторонний гаечный ключ
- nippel	двойной ниппель
- pendelstütze	двойная качательная опора

Doppel'rechnersystem	двухпроцессорная система
- regal	двухсторонний высотный стеллаж
- relais	двойное реле
- ringschlüssel	двухсторонний ключ с закрытым зевом
- rollenlager	двухрядный сферический роликовый подшипник
- rücklauffilter	двойной фильтр на сливе
- rückwand	двойная задняя стенка
- schneideschere	ножницы двойной резки
- sieb	двойная сетка
- steckschlüssel	двойной торцевой ключ
- steckverbindung	двойной штеккерный разъём
- telegrammtasten	клавиши двойных кодированных сообщений
- T - träger	двухтавровая балка
- türen	двойные двери
doppelzeilig	двухсторонний
Doppelzylinder	двойной цилиндр
Dosier'bolzen	дозирующий болт
- einrichtung	дозатор
- menge	количество дозирования
Draht	проволока
- block	моток проволоки
- brücke	проволочный мостик
- durchmesser	диаметр проволоки
- einlauf	вход проволоки
- führung	направляющая проволоки
- führungsbacke	направляющая колодка для проволоки
- geflecht	проволочная сетка
- korb (Papierablage)	корзина
- länge	длина проволоки
- rille	проволочная канавка
- ring	обвязочная проволока
- schere	ножницы для порезки проволоки
- schneider	кусачки для проволоки
- seil	стальной канат
- seilklemme	зажим для стального каната
- stift	проволочный штифт
- teil	проволока
- walzung	прокатка проволоки
- walzwerk	проволочный прокатный стан

Drahtwicklung	катушечная обмотка
Drainage	дренаж
- becken	дренажный бассейн
drallfrei	отшлифованный
Drallgerät	направляющие лопасти
Drauf'schalter	выключатель для непосредственного включения нагрузки, сквозной выключатель
- sicht	вид сверху
Dreh'achse	ось поворота
- achse (Kreisbewegung)	ось вращения
- antrieb	привод поворота
- antrieb (elektr.)	электрический сервопривод
- antriebssystem	поворотная система привода
drehbar	поворотный
Dreheisen - Voltmeter	электромагнитный вольтметр
drehen	повернуть
Drehen	поворот
Dreh'feder	торсионная пружина
- feld	вращающееся (магнитное) поле
- feldanzeiger	указатель порядка чередование фаз
- geber	сельсин-датчик
- kolbengebläse	ротационная воздуходувка
- kopf	поворотная головка
- melder	сельсин
- moment	вращающий момент
- momentschalter	выключатель вращающегося момента
- momentschlüssel	тарированный ключ, предельный ключ, динамометрический ключ
- poti	вращающийся потенциометр
- richtung	направление вращения
- sattel	поворотный боёк
- schälanlage	бесцентрово-токарный станок
- schälanlage	бесцентрево-токарная установка
- schälmaschine	бесцентрево-токарный станок
- sicherung	фиксация от поворота
- spul - Strommesser	измеритель тока электромагнитной системы
- stift	штифтовая ручка
Drehstrom	трёхфазный ток

Drehstrom'anschluß	присоединение трёхфазного тока
- brücke	трёхфазная мостовая схема
- brücke	мост трёхфазного тока
- flanschmotor	фланцевый двигатель трёхфазного тока
- gießharz - Transformator	трансформатор трёхфазного тока с литьевой смолой
- käfigläufer - Motor	трёхфазный двигатель с короткозамкнутым ротором
- leistungskreis	силовая цепь трёхфазного тока
- motor	двигатель трёхфазного тока
- netz	электрическая линия трёхфазного тока
- rollgangsmotor	трёхфазный двигатель для рольганга
- sammelschiene	сборная шина трёхфазного тока
- schleifringläufermotor	трёхфазный двигатель с фазным ротором
- steller	тиристорное устройство трёхфазного тока
- stirnradgetriebe - Motor	трёхфазный двигатель цилиндрического редуктора
Dreh'stuhl	поворотный стул
- teil	вращающаяся часть
- tisch	поворотный стол
- tisch - Schienenunterbau	основная рама рельсов для поворотного стола
- traverse	поворотная траверса
Drehungswächter	прибор контроля вращения
Dreh'verschraubung	поворотное резьбовое соединение
- winkel	угол поворота
- zahl	число оборотов
drehzahlabhängig	в зависимости от числа оборотов
Drehzahl'anstieg	повышение скорости вращения
- anzeige	индикация числа оборотов
- begrenzer	ограничитель скорости вращения
- bereich	диапазон скорости вращения
- erhöhung	увеличение скорости вращения
- erhöhungsgetriebe	привод увеличения скорости вращения
- geber	датчик числа оборотов
- indikator	индикатор числа оборотов
- Istwert - Korrektur	коррекция фактического значения скорости вращения
- messer	измеритель числа оборотов

Drehzahl'regelkreis	цепь регулирования скорости вращения
- regelung	регулирование скорости вращения
- regler	регулятор скорости вращения
- überwachung	контроль числа оборотов
- vorgabe	заданное значение скорости вращения
- wächter	реле контроля числа оборотов
- zusatz	увеличение скорости вращения
Drehzünder	вращающийся зажигатель
Dreieck	треугольник
Dreifach'schelle	тройная скобка, тройной зажим
- schreiber	трёхканальный регистратор
Dreikantschaber	трёхгранный шабер
Dreilinienschreiber	трёхполосный самописец
Dreiphasen - Luftdrossel	трёхфазный воздушный дроссель
Dreiphasen - Luftdrosselspule	трёхфазная катушка дросселя без ферромагнитного сердечника
dreiphasig	трёхфазный
dreipolig	трёхполюсный
Dreistrompumpe	трёхпоточный насос
Dreistufenpumpe	трёхступенчатый насос
dreistufig	трёхступенчатый
dreiteilig	состоит из трёх частей
Dreiweg - Kugelhahn - - Kombination	комбинация трёхходовых шаровых кранов
Dreiwegehahn	трёхходовый кран
Dreiwegmagnetventil	трёхходовый магнитный клапан
Dreiwickler	трёхобмоточный трансформатор
Drossel	дроссель
- durchmesser	диаметр дросселя
- rückschlagventil	дроссельный обратный клапан
- spule	реактор
- spule	дроссельная катушка
- ventil	дроссельный клапан
Druck	давление
- abfall	падение давления
- anschluß	переходник между манометрическим выключателем и клапаном
- anschluß	напорный патрубок
- anstellung	установка давления
- anstieg	повышение давления

Druck'anzeiger	индикатор давления
- aufbau	восстановление давления
- begrenzungsventil	клапан предельного давления
- begrenzungsventil (Rexroth)	предохранительный клапан
- behälter	напорный резервуар
- behältervorschriften	правила для сосудов, работающих под давлением
- beleg (Etikettierung)	напечатанная бирка
- bereich	диапазон давления
- betriebsüberwachung	контроль напорного режима
- buchse	нажимная втулка
druckdicht	герметический
Druckeinstellbereich	диапазон регулирования давления
Drucken	печатание
Druckentlastung	снижение давления
Druckentlastungsklappe	клапан разгрузочного давления
Drucker	печатающее устройство
Druckerhöhung	увеличение давления
Druckerhöhungsstation	станция повышения давления
Druckerkonsole	консоль печатающего устройства
Druck'feder	пружина сжатия
- festigkeitsgrenze	предел прочности при сжатии
- filter	напорный фильтр
- flansch	напорный фланец
- freigabe	деблокировка давления
- gefäß	сосуд, работающий под давлением
- gefäßepaß	паспорт на сосуд, работающий под давлением
- geschwindigkeit	скорость печати
- gradient	градиент давления
- haltepumpe	насос для поддержания давления
- halteventil	клапан для поддержания давления
- knopf	нажимная кнопка
- knopfschalter	кнопочный выключатель
- kraft	сила нажима
- lager	упорный подшипник
- leitung	напорная линия
drucklos	без давления
Druckluft	сжатый воздух
- Drehkolbengebläse	ротационная воздуходувка

Druckluft - Netz	заводская сеть сжатого воздуха
- einheit	пневматическое устройство
- pistole	пневматический пистолет
- verbrauch	расход сжатого воздуха
- zylinder	пневматический цилиндр
Druck'meßdose	датчик давления
- meßeinrichtung	устройство измерения давления
- messer	манометр
- meßgerät	манометр
- meßumformer	преобразователь давления
- minderer	редукционный клапан
- minderstation	станция для редуцирования давления
- minderventil	редукционный клапан
- mutter	нажимная гайка
- nachsaugeblock	напорный блок для подпитки
Drucköl	напорное масло
- anschluß	патрубок напорного масла
- austritt	выход напорного масла
- entlastung	маслонапорная разгрузка
- übernahme	приём напорного масла
Druck'pfanne	нажимная подкладка
- platte	опорная плита
- probe	гидравлическое испытание
- prüfung	контроль давления
- raum	камера сжатия
- reduzierung	редуцирование давления
- reduzierventil	редукционный клапан
- regelventil	клапан регулирования давления
- regler	регулятор давления
- regulierung	регулирование давления
- ring	упорное кольцо
- rolle	прижимной ролик
- rollenfeder	пружина прижимного ролика
- schalter (auf Druck ansprechend hydraulisch)	манометрический выключатель
- schalter (Druckknopf)	кнопочный выключатель
- schalter (Druckwächter)	реле давления
- scheibe	нажимная шайба
- schlauch	напорный шланг
- schraube	нажимный болт

Druck'schwankung	пульсация давления
– schwankungsbereich	диапазон пульсации давления
– seite	сторона напора
druckseitig	со стороны напора
Druck'speicher	аккумулятор
– speicher (Druckgefäß)	сосуд, работающий под давлением
– speicherstation	станция аккумуляторов
– spindel	нажимной винт
– spindelanstellung	установка нажимного винта
– spindelendschalter	конечный выключатель нажимного винта
– spindelschalter	выключатель нажимного винта
– stange	тяга
– stange	нажимный стержень
– stelze	нажимная стойка
– störung	нарушение давления
– strang	напорная ветвь
– stück	нажимная деталь
– stütze	нажимная опора
– stufe	ступень напора
– stutzen	напорный патрубок
– tank	напорный бак
– taste	кнопочный выключатель
– taste (Kontrolltaste)	кнопочный командоконтроллёр
– tastenschalter	кнопочный выключатель
– taster	кнопочный выключатель
– taupunkt	точка росы
– topf	стакан
– überwachung	контроль давления
– überwachungseinheit	блок контроля давления
– ventil	напорный клапан
– verminderung	уменьшение давления
– vervielfältiger	мультипликатор
– verzögerung	задержка давления
– waage	устройство компенсации давления на сливе
– wächter	реле давления
Druckwasser	напорная вода
– anlage	установка воды высокого давления
– pumpe	водяной напорный насос
– stand	уровень напорной воды

Druckwasserstation	станция воды высокого давления
Druckzone	зона сжатия
Drückarm	штанга
Drücker	толкатель
Drücker (Ofen)	загрузочная машина
Drum (Trommel)	барабан
dual	двоичный, дуальный
Dübel	дюбель
- bohrmaschine	сверлильная машина для подготовки гнёзд под дюбели
Düse	сопло
Düsen'einheit	блок сопл
- einsatz	сопловой патрон
- gehäuse	корпус сопла
- stellung	положение сопла
Duo - Kammwalzgetriebe	редуктор шестерённой клети дуо
Duo - Reversier - Vorgerüst	дуо-реверсивная черновая клеть
Duo - Reversiergerüst	дуо-реверсивная клеть
Durch'biegungskonstante	постоянный прогиб
- blasen	продувка
- blaskamin	продувочная свеча
- blassackrohr	тупиковая продувочная свеча
- bruch	проём
- fahrspiel	всесторонний зазор
- fallöffnung	отверстие для прохода
Durchfluß	расход
- anzeige	индикация расхода
- anzeiger	индикатор расхода
- medium	протекающая среда
- menge	количество расхода
- mengengeber	датчик количества расхода
- mengenrechner	вычислитель количества расхода
- mengensummierwerk	сумматор расхода
- messer	расходометр
- meßgerät	расходометр
- minimum	минимальный расход
- regler	регулятор расхода
- schalter	выключатель расхода
- wächter	реле расхода
- wanne	ванная печь с протоком

durchführen	провести, исполнить
Durchführschleuse	шлюза
Durchführung	осуществление, выполнение
Durchgang	проход
Durchgangs'form	проходная форма
- stück	сквозная часть
- ventil	проходной клапан
durchgehärtet	прокаленный
durchgehend	без перерыва
Durchlaß'öffnung	проём
- richtung	направление потока
Durchlauf	проход
- erhitzer	проточный нагреватель
- richtung	направление подачи
- störung	нарушение протока
- störung	перебой протока
- überwachung	контроль протока
- zeit	время прохождения
Durchlichtbeleuchtung	внутреннее освещение
Durchmesser	диаметр
- anzeige	индикация диаметра
- anzeiger	индикатор диаметра
- auswahl	выбор диаметра
- spiel	зазор по диаметру
durchprüfen	провести, осуществить, исполнить
Durchsatzleistung	производительность
Durchwirbelung	турбулентный поток
Durchzugskasten	проходная коробка
dynamisch	динамический
Dynamometer	динамометр

E - Kabel	электрический кабель
E - Motor	электродвигатель
E - Rolle	ролик с электроприводом
E - Schweißmaschine	электросварочная машина
E - Stückliste	спецификация электрооборудования
E - Teilmenge	количество запасных частей
Ebene	ступень
Eck'form	угловая форма
- pfosten	угловая стойка
- rohrzange	угловые трубные клещи
- stiel	угловое стопорище
- ventil	угловой клапан
Effektivwertmessung	измерение эффективного значения
Eichdiskette	дискет-калибр
eichen	калибровать
Eichen	колибровка
Eichofen	калибровочная печь
eigenbelüftet	самоохлаждающий
Eigengewicht	собственный вес
Eilgang	ускоренный ход
Eilhub	ускоренный ход
Ein	включено
Ein-/Ausbauhilfe	вспомогательные инструменты для монтажа и демонтажа
Ein-/Aus - Befehl	команда включения/отключения
Ein-/Ausgabeblattschreiber	телетайп ввода/вывода
Ein-/Ausgabegerät	прибор ввода/вывода
Ein-/Ausgabekarte	карта ввода/вывода
Ein-/Auslaufführungen	входные и выходные направляющие
Ein-/Ausgabe Prozessor	процессор ввода/вывода
Ein-/Austrittsstutzen	входные и выпускные патрубки
einätzen	вытравлять
Einbau	монтаж
- absperrventil	встроенный запорный клапан
- beispiel	пример монтажа
- dosen	монтажные дозы
Einbauen	монтаж
Einbaufelder	поле устанавливания
einbaufertig	готовый к монтажу
Einbaugerät	встроенный прибор

Einbauhilfe		Einführring

Einbau'hilfe	вспомогательные иструменты для монтажа
- instrument	чиструмеит для монтажа
- Istmaß	фактический размер для монтажа
- länge	монтажная длина
- lage	положение для монтажа
- leuchte	встроенный светильник
- maß	монтажный размер
- nennmaß	номинальный размер для монтажа
- stück	подушка
- stückgleitfläche	поверхность скольжения подушки
- stückwechsel	замена подушки
- teil	встроенная деталь
- ventil	встроенный клапан
einbetonieren	забетонировать
einbinden	привязать
Einblock	моноблок
einbringen	укладывать, вкладывать, загружать (напр. печь)
einfach	простой
Einfach'adapter	простой адаптер
- belegung	однократная зашлтость
- maulschlüssel	односторонний гаечный ключ
- pendelstütze	простая качательная опора
- schelle	простой зажим
- werkzeug	обычный инструмент
- zylinder	простой цилиндр
einfahren	вдвинуть
Einfahr'kontakt	запускной контакт, контакт запуска
- position	позиция вдвига
- spindel	шпиндель подвода подшипников
- stelle	место установки
Einfassen	обрамление
einfetten	смазать
einflügelig	одностворчатый
einführen	ввести
Einführ'kasten	вводная коробка
- klappe	открылок
- kopf	вводная головка
- lineal	направляющая линейка
- ring	вводное кольцо

Einführ'seite	входная сторона
- tisch	направляющий стол
Einführung	ввод
Einführzunge	откры́лок
Einfüllfilter	заливной фильтр
Eingabe	ввод
- baugruppe	модуль ввода
- baustein	модуль ввода
- block	блок данных ввода
- einrichtung	устройство ввода данных
- platz	место ввода
- tastatur	клавиатура ввода
- terminal	терминал для ввода данных
Eingang	вход, поступление (данных)
Eingangs'byte	входной байт
- feld	панель ввода
- nahtstelle	места сопряжения на вводе
- schaltung	схема ввода
- schrank	шкаф ввода
- signal	входной сигнал
- spannung	входное напряжение
- verstärker	входной усилитель
- waage	весы на входе на склад
eingeben	вводить
eingeschaltet	включено
Eingriffswinkel	угол зацепления
Einhärtetiefe	глубина закалки
Einhaltung	соблюдение
Ein Hand	ручной ввод
einkerben	надрезать
einkleben	наклеить
einklinken	защёлкивать, заскакивать (о храповике)
Einknopfmeßbrücke	однокнопочный измерительный мост
einkuppeln	соединить, сцепить
Einlagern	складирование
Einlagerung (Beladen)	загрузка
Einlagerung (Hochregallager)	загрузка на высотный склад
Einlagerungsrost	загрузочная решётка
Einlauf	вход, впуск, приработка
- buchse	входная втулка

Einlauf'filter	фильтр на входе
- führung	вводная направляющая
- führung (Führungslineale)	направляющая линейка
- gehäuse	входной корпус
- rinne	входной жёлоб
- rolle	подающий ролик
- rollgang (Schälmaschine)	приёмный рольганг
- seite	входная сторона
- trichter	загрузочная воронка
Einlege'keil	клиновая шпонка
- kette	загрузочная цепь
- konus	закладной конус
Einlegen	вкладывать, укладывать
Einlege'teil	закладная деталь
- wagen	загрузочная тележка
einleiten	запустить
Einleiter'kabel	одножильный кабель
- verbindungsmuffen	одножильные соединительные муфты
Einlese	ввод данных
Einlesen	ввод
Einlinienschema	однолинейная схема
einlöten	впаять
Einmaulschlüssel	односторонний гаечный ключ
Einphasen'erdkurzschluß	однофазное замыкание на землю
- wechselstrom	однофазный переменный ток
Einplanung	компоновка
Einplanungszeichnung	компоновочный чертёж
einpolig	однополюсный
Einprägung	выбивка
einpressen	запрессовать, вдавливать
Einrangieren	кроссировка сцепления
einrasten	вводить в канавку, заскакивать
Einrichtbetrieb	организационный режим работы
Einrichtung	оборудование
Einsatz	вставка
- bedingung	условия эксплуатации
- dichtring	насадочное прокладочное кольцо
einsatzgehärtet	цементированный
Einsatz'härtung	цементация
- stoffe	исходные материалы

Einsatz'stück	вставка
- zweck	назначение
Einschalt'bedingung	условие включения
- befehl	команда включения
einschaltbereit	готов к включению
Einschalt'bereitschaft	готовность к включению
- dauer	продолжительность включения
einschalten	включить
Einschalt'freigabe	деблокировка включения
- schütz	контактор включения
- sperre	блокировка включения
- stellung	положение включения
- steuerwerk	блок включения цепи управления
- störmeldung	сигнализация нарушения включения
- tafel	пульт включения
- takt	такт включения
- verriegelung	блокировка включения
- verzögerung	включение с запаздыванием
- zeit	время включения
Einschalung	опалубка
Einschiebekopf	вводная головка
einschieben	вдвигать
Einschiebe'platte	вставляющая плата
- wagen	вводная тележка
einschlagen	вбивать, вколачивать
Einschnürung	сужение
einschrauben	завинчивать
Einschraub'filter	ввинчиваемый фильтр
- flansch	ввинчиваемый фланец
- hülse	ввинчиваемая втулка
- länge	длина ввинчивания
- loch	отверстие для ввинчивания
- stutzen	ввинчиваемый патрубок
- verschraubung	резьбовое соединение
Einschub	вдвижной блок
- fach	выдвижной ящик
- leistungsschalter	вставной силовой выключатель
- rahmen	рама выдвижного блока
- schräge	наклон выдвижного блока
- technik	выкатная конструкция

einschweißen		вварить
einschwenken		подвести
Einschwenken		подвод
einseitig		односторонний
Einsitzdurchgangsventil		односедельный проходной клапан
Einspannlänge		зажимная длина
Einspeise'feld (Eingabefeld)		вводная панель
- feld (Schrank)		шкаф для питания электроэнергией
- schalter		выключатель ввода питания
- schrank		шкаф для питания электроэнергией
- schrank (Eingabeschrank)		вводной шкаф
- schutzschalter		входной защитный автомат
- überwachung		контроль питания
Einspeisung		питание
Einspeisung		ввод питания
Einständer - Rotationslaufschere		одностанинные ротационные ножницы
Einstellarmatur		регулирующая арматура
einstellbar		регулируемый
Einstell'bereich		диапазон регулирования
- buchse		регулировочная втулка
einstellen		устанавливать, регулировать
Einstellen		установка, регулирование
Einstell'parameter		установочный параметр
- ring		регулировочное кольцо
- strom		ток установки
- ventil		регулировочный клапан
- wert		регулируемый параметр
- wert (Relais)		уставка
- zeit		время регулировки
Einstichsäge		ножовка
Einstichsäge (mit Anschlag)		ножовка с регулированием
Einstieg		люк
Einstiegsöffnung		люк
Einstoßen		посадка
Einstoß'maschine		машина подачи
- ofen		посадка, печь
- seite		сторона подачи
Einstrichsystem		однолинейная схема
einteilig		односекционный

Einträger'brückenkran	однобалочный мостовой кран
- handhängekran	однобалочный ручной подвесной кран
- laufkran	кран-балка
- zugkatze	тельфер
Eintrag	загрузка
eintragen	загрузить
Eintrage'seite	сторона загрузки
- tür	окно для загрузки
- zyklus	цикл загрузки
Eintritt	поступление
Eintritts'stutzen	входной патрубок
- temperatur	температура на входе
einzählen	считывать/вводить
Einzel	отдельно, одиночно
- antrieb	индивидуальный привод
- belastung	сосредоточенная нагрузка
- bewegung	индивидуальное перемещение
- datenrate	скорость передачи отдельных данных
- durchlauf	отдельный проход
- durchlauf (stückweise)	поштучный проход
Einzelheit	деталь
Einzel'regal	односторонний высотный селлаж
- schnitt	отдельная резка
- steuerung	индивидуальное управление
- teil	деталь
- verstellung	единичная регулировка
- zugriff	отдельная операция
- zylinder	индивидуальный цилиндр
einziehen	втягивать, протягивать, протаскивать
Einzugs'apparat (Schälmaschine)	задающий аппарат
- apparat (Einfuhr)	вводной аппарат
- geschwindigkeit	скорость втягивания
- geschwindigkeit	вводная скорость
- rolle (Schälmaschine)	втягивающий ролик
Eisen'blechverkleidung	металлическая облицовка
- kerne	ферромагнитные сердечники
elastisch	эластичный
Elastizitätsmodul	модуль упругости
Eldro - Gerät	электрогидравлический тормоз
Elektrik	электрохозяйство

elektrisch	электрический
Elektroanschlußkabel	соединительный электрокабель
Elektrode	электрод
Elektrodenhalter	электрододержатель
Elektro'filter	электрофильтр
- gleichrichter	электрический выпрямитель
elektrohydraulisch	электро-гидравлический
Elektroinstallation	электропроводка
elektroisoliert	электрически изолированный
Elektro'kupplung	электрическая муфта
- kupplung	электромуфта
- leitung	электропровод
- magnet	электромагнит
elektromagnetisch	электромагнитный
Elektro'magnetkran	электромагнитный кран
- magnetkupplung	электромагнитная муфта
- magnetventil	электроуправляемый клапан
- motor	электродвигатель
elektromotorisch	элекродвигательный
Elektronik	электроника
- anschluß	подключение электронного устройства
- bauteilsatz	комплект электронных деталей
Elektro'plan	электрическая схема
- pult	пульт управления
- raum	электропомещение
- schaltschrank	распределительный шкаф
- schema	электросхема
- schrank	электрошкаф
- schweißumformer	электросварочный преобразователь
- unterstation	пост управления электрооборудованием
- zug	электроталь
Element	элемент
eloxieren	анодировать
Empfänger	приёмник
empfangen	принимать
empfindlich	чувствительный
Empfindlichkeit	чувствительность
Empfindlichkeitsumschaltung	переключение диапазона чувствительности
Emulsion	эмульсия

Emulsions'austritt	выход эмульсии
- grube	приямок для эмульсии
- mischgerät	смеситель для эмульсии
- pumpe	эмульсионный насос
- rückführung	рециркуляция эмульсии
End'abschaltung	конечное выключение
- anschlag	конечный упор
- bühne	рабочая площадка
- deckel	конечная крышка
- druckmanometer	манометр конечного давления
- druckwächter	реле конечного давления
Enden'abschieber	сталкиватель отрезков
- abschieberhebel	рычаг сталкивателя обрезков
- abschluß	заделка концов
- durchschieber	проталкиватель отрезков
- markierung	маркировка концов
End'konzentration	конечная концентрация
- lage	конечное положение
- lagendämpfung	амортизатор конечного положения
- lagenüberbrückung	шунтирование конечных положений
- lasten	конечная нагрузка
- montage	конечный монтаж
- position	конечная позиция
Endschalter	конечный выключатель
- anordnung	расположение конечных выключателей
- betätigung	управление конечным выключателем
- bock	стойка конечного выключателя
- konsole	консоль конечного выключателя
- leiste	планка конечного выключателя
- stütze	опора конечного выключателя
- teil	деталь конечного выключателя
End'scheibe	конечная шайба
- stellung	конечное положение
- stufe	выходной каскад
- taster	конечный клавишный выключатель
- träger	концевая балка
- vorstoß	концевой упор
- walztemperatur	конечная температура прокатки
Energie'führungskette	гибкая цепь для кабелей и шлангов
- quelle	энергетический ресурс

Energie'träger	энергоноситель
- versorgung	энергоснабжение
- versorgungswagen	вагон-электроснабжения
- verteilung	распределение энергии
- zuführung	подвод энергии
- zuführungskette	цепь для подвода кабелей и шлангов
Engineeringhilfe	инженерные услуги
Engler	по Энглеру
Entdrahtungswerkzeug	устройство для удаления проволоки
entfallen	отпадать
Ent'fernung	расстояние
- graten	снять заусенцы
ent'härten	умягчать
- klemmen	разжать
- koppeln	расцепить
- kuppeln	разъединить
- laden	разгрузить
Entlade'strom	разрядный ток
- position	позиция разгрузки
- vorrichtung	разгрузочное устройство
- wandler	разрядный трансформатор
- zyklus	цикл разрядки
Entladungsstelle	место разгрузки
entlasten	снять нагрузку
Ent'lastung	разгрузка
- lastungsschraube	разгрузочный винт
- lastungsventil	разгрузочный клапан
entleeren	опорожнить
Ent'leerung	опорожнение
- leerungsleitung	сливной трубопровод
- leerungspumpe	насос для откачки
- leerungsventil	опорожняющий клапан
- leerweg	путь опорожнения
- lüften	удаление воздуха
- lüfter	воздушник
- lüfter (Ventilator)	вытяжной вентилятор
- lüftung (aus Gefäß)	удаление воздуха
- lüftung	вытяжная вентиляция
Entlüftungs'filter	воздушный фильтр
- loch	отверстие для выхода воздуха

Entlüftungs'nut	вентиляционная канавка
- schraube	выпускной винт
- stand	стенд для удаления воздуха
- stutzen	штуцер для удаления воздуха
- ventil	выпускной клапан
Entmagnetisieren	размагничивание
Entnahme	взятие (пробы), забор (воды), отбор (пара)
- maschine	разгрузочная машина
- mechanismus	механизм выгрузки
- platz	место для разгрузки
- position	позиция отбора
- pumpe	насос для отбора
- seite	сторона разгрузки
- sonde	пробоотборное устройство
- stirnwand	разгрузочная торцевая стенка
- sturz	ригель выгрузки
- tür	разгрузочное окно
- zyklus	цикл разгрузки
entnehmen	разгрузить
Entregen	размагничивание
entriegeln	деблокировать, размыкать, разарретировать
Ent'riegelung	деблокировка
- schlackungstür	окно для удаления окалины
- sinterung	удаление окалины
entspannen	разжать
Ent'spannung	разжатие
- spannungstrommel	расширительный баллон
entsperren	деблокировать
entsprechen	соответствовать
entspreizen	снятие распора
Ent'staubung	обеспыливание
- staubungsanlage	установка обеспыливания
- wässerung	дренаж, обезвоживание, водоотвод
- wässerungsleitung	дренажная линия
- wässerungsrohr	дренажная труба, канализационная труба
- wurf	проект
Entzunderung (Vorrichtung)	устройство для удаления окалины
Entzunderung (Vorgang)	удаление окалины

Entzunderungs'anlage	устройство для удаления окалины
- rollgang	рольганг для удаления окалины
- vorrichtung	устройство для удаления окалины
Erde	земля
Erder	заземлитель
Erdgas	природный газ
Erd'kabel	подземный кабель
- kurzschlußlöschspule	заземление через дугогасящий реактор
- leiter	заземляющий провод
Erdschluß	замыкание на землю
- anzeiger	индикатор замыкания на землю
- einrichtung	устройство поиска замыкания на землю
- relais	реле защиты от замыкания на землю
- schutz	защита от замыкания на землю
- strom	ток замыкания на землю
- überwachung	прибор контроля замыкания на землю
- wächter	реле защиты от замыкания на землю
Erdungs'anschluß	соединение с землёй
- bolzen	бабка заземления
- bürstenträger	щёткодержатель заземления
- draufschalter	заземляющий разъединитель
- garnitur	комплект для заземления
- kabel	кабель заземления
- klemmenschraube	заземлительный винтовой зажим
- schalter	заземляющий разъединитель
- schalter	заземляющий выключатель
- schiene	заземляющая шина
- spinne	паукообразный провод заземления
- trenner	заземляющий выключатель
Erfassung	учёт, захват
erforderlich	необходимо
Erfüllung	выполнение, исполнение
ergänzen	дополнять
Ergänzung	дополнение
erhalten	сохранять
Erhard - Strömungswächter	реле потока Erhard
Erhitzen	нагрев
erkennen	опознать
Ermittlung	определение
Ermüdungsfaktor	коэффициент усталости

Erreger'gleichrichter	выпрямитель возбуждений
- leistung	мощность возбуждения
- spannung	напряжение возбуждения
- strom	ток возбуждения
- wicklung	обмотка возбудителя
Erregung	возбуждение
erreichen	достигнуть
Ersatz'birne	запасная лампа
- lochstreifen	запасная перфолента
- spur	резервная дорожка
- strategie	запасной вариант
- teil	запасная часть
- teilliste	перечень запчастей
- teilzeichnung	чертёж запчастей
ersetzen	заменить
Erst'fettung	первичная смазка
- füllung	первая заправка
- start	первый старт
- synkronisierung	первая синхронизация
- wertmeldung	сигнализация первичного значения
Erwärmungs'messung	измерение нагрева
- ofenwarte	пост управления нагрева печей
Erweichungsbeginn	начало размягчения
Erweiterungsschrank	дополнительный шкаф
Erzeugnis	изделие
Estrich	бесшовый пол
Etiketten	бирки
- stanzmaschine	штамповочная машина для этикеток
Etikettiermaschine	этикетировочная машина
Evakuierungsweg	путь эвакуации
Evolventenprofil	эвольвентный профиль
exakt	точный
Exandieren	расширение
Explosions'gefahr	взрывоопасность
- klappe	взрывоопасный клапан
- schutzbetrieb	взрывобезопасный режим работы
Extender Board	плата расширения памяти
extern	внешний
Externer Card	плата расширения памяти
Externspeicher	внешняя память

Extractor Card	вставная плата
Exzenter	эксцентрик
- bolzen	эксцентриковый болт
- buchse	эксцентриковая втулка
- schneckenpumpe	одновинтовой насос
- welle	кривошипный вал

Fabrikat	фабрикат, изделие
Fabriknummer	заводской номер
Fachverband	отраслевое объединение
Fachwerkbauteil	решётчный элементы
Fadengeschwindigkeit	скорость тросика, нитевая скорость
Fächerscheibe	упругая фасонная шайба с зубцами
Fäkalwasserkanalisation	система хозяйственной-факельной нализации
Fahr'antrieb	привод передвижения
- bahn	направляющая
- bahnschiene	ходовой рельс
- bahnträger	опора направляющей
fahrbar	передвижной
Fahrbewegung	перемещение
fahren	перемещать
Fahren	перемещение
Fahr'gang	ход передвижения
- gestell	ходовая часть
- rahmen	рама перемещения
- rolle	ролик перемещения
- schiene	ходовой рельс
- system	система перемещения
- traverse	траверса перемещения
Fahrtrichtung	направление перемещения
Fahr'verhalten	ходовое качество
- verzögerung	перемещение с задержкой
- weg	путь передвижения
- wegendschalter	конечный выключатель пути передвижения
- weise	способ перемещения
- werk	механизм перемещения
- werksgetriebe	редуктор механизма перемещения
- zyklus	цикл перемещения
- zylinder	цилиндр перемещения
Fall	случай, падение
- höhe	высота падения
Falsch	не правильно
falscher Befehl	ошибочная команда
Fallschieber	шибер гильотинного типа
Faltenbalg	сильфон
Fangbolzen	упорный болт

Fang'gabel	вильчатый захват
- vorrichtung	улавливатель
Farbanstrich	окраска
Farbe	краска
Farb'filter	цветной светофильтр, цветной фильтр
- kennung	цветная индикация
- markiereinrichtung	устройство маркировкои краской
- markierung	маркировка краской
- monitor	цветной монитор
- spritzeinrichtung	краскораспылитель
- spritzpistole	краскораспылитель
- terminal	цветной монитор
- zusatz	цветная добавка
Fase	фаска
Fasermaterial	волокнистный материал
Fas'kopf	резцовая головка
- maschine	фаскосъёмная машина
Faß	бочка
Fassungsvermögen	вместимость, ёмкость
Fastonstecker	штекерное соединение типа FASTON
Feder	пружина
- blech	лист из пружинной стали
- bolzen	пружинный штифт
- buchse	упругая втулка
- druck - Bremsmotor	двигатель, затормаживающийся давлением пружины
- führung	направляющая пружины
- hub	ход пружины
- hülse	пружинная втулка
- kraft	усилие пружины
- leiste	планка с пружинным контактом
federnd	пружинящий
Feder'paket	пакет тарелок
- ring	пружинящее кольцо
- säule	набор тарелок
- scheibe	упругая шайба
- spannschraube	респорный стяжной болт
- spannzylinder	зажимный цилиндр с тарельчатой пружиной

Feder'stab	упругий стержень
- stahl	пружинная сталь
- stahldraht	пружинная стальная проволока
- teller	тарелка
- topf	направляющий стакан пружины
Federung	пружинение
Feder'weg	ход пружины
- zug	пружинная тяга
- zylinder	цилиндр для пружинения
- zylindergruppe	группа цилиндров для пружинения
FE - geprüft	испытанный краско-каппилярным методом
Fehl'betätigung	неправильное включение
- block	бракованная заготовка
Fehler	ошибка
- anzeige	индикация неисправности
- board	плата поиска неисправностей
- diskriminator	дискриминатор неисправностей
- erkennung	распознавание дефекта
- erkennungsstation	станция распознавания дефектов
fehler'frei	без ошибок, без погрешностей
- haft	с ошибками, с погрешностями, дефектный
Fehler'korrektur	корректировка ошибки
- lesevorrichtung	определяющее устройство
- ort	местонахождение неисправности
- ortung	поиск места повреждения
- stelle	место повреждения
- suche	поиск неисправности
- suchprogramm	программа поиска неисправности
- unterdrückung	подавление дефектов
Fein'abgleich	точная настройка
- anpassung	точное уравнивание
- blech	тонкий лист
- draht	тонкая проволока
- drossel	прецизионный дроссель
- einstellung	точная установка, точная настройка
- filter	тонкий фильтр, фильтр тонкой очистки
Feinstahlwalzwerk	мелкосортный прокатный стан
Feinstaubabscheider	скруббер тонкой очистки
Feinstraße	мелкосортный стан
Feld (elektr.)	поле

Feld (Paneel)	панель
Feld (Schrank)	шкаф
Feld'beleuchtung	освещение шкафа
- gleichrichter	выпрямитель поля
- regelung	регулирование поля
Feldschwäch'bereich	диапазон ослабления возбуждения
- regelung	регулирование уменьшения возбуждения
- regelung	регулирование ослабления поля
Feldstrom	ток поля возбуждения
- richter	фельсовый преобразователь тока
- versorgung	питание током возбуждения
Feld'versorgung	обеспечение поля
- wicklung	обмотка возбуждения
Fenster	окно
- öffnung	оконный проём
fern	дистанционный
Fern'bedienung	система диспечерского управления
- betätigung	дистанционное управление
- betrieb	дистационный режим работы
Fernsehkamera	телекамера
Fern'steuerung	телеуправление
- temperaturmessung	дистанционное измерение температуры
- übertragungsgeber	датчик дистационной передачи
fertig	готово
Fertiganstrich	покровная окраска
fertigbearbeiten	чистая обработка
Fertig'bearbeitung	доводка, отделка, чистовая обработка
- block	чистовой блок
fertigen	производить, изготовлять
Fertig'länge	длина готовой продукции
- lager	склад готовой продукции
- maß	окончательный размер
- meldung	сигнализация окончания
- schneidezahn	зуб для чистой резки
- straße	чистовая группа
- straße	заготовочная линия
- straße	чистовой стан
Fertigung	производство, изготовление
Fertigungs'einheit	единица продукции
- vorschrift	указание по изготовлению

Fertigungs'weg	технологический маршрут
- zeichnung	рабочий чертёж
fest	стационарно
Fest'balkenmodul	секция неподвижных балок
- blende	жёсткая бленда
festbremsen	затормозить (до остановки)
Fest'flansch	неподвижный фланец
- hälfte	неподвижная полумуфта
Festigkeit	прочность
Festigkeitsklasse	класс прочности
Festkörperschaltkreis	твёрдая схема
Festlager	неподвижный подшипник
- gehäuse	корпус неподвижного подшипника
- seite	сторона неподвижного подшипника
Festplatte	фиксированный диск
Festpunkt (Befestigung)	точка крепления
Festpunkt (unbeweglich)	неподвижная точка
Festpunkt (Stütze)	опорная точка
Festpunktanschluß	присоединение у неподвижной точки
Fest'schreibung	окончательное описание
- stellbolzen	установочный болт
feststellen	устанавливать, определять
Fest'stoffanteil	содержание твёрдого вещества
- stütze	неподвижная опора
- stützenreihe	ряд неподвижных опор
Fett	масло, смазка (пластичная)
Fett'abscheidungsanlage	установка отделения масла
- aggregat	агрегат густой смазки
- anschluß	место подключения густой смазки
- art	вид смазки
- austritt	выход смазки
- befüllstation	заправочная станция густой смазкой
- behälter	бак густой смазки
- filter	фильтр для густой смазки
- füllung	наполнение густой смазкой
- kupplung	муфта для густой смазки
- leitung	трубопровод для густой смазки
- menge	количество густой смазки
- ölbefüllstation	заправочная станция густой смазкой
- polster	слой густой смазки

Fett'presse	шприц для консистентной смазки
- pumpe	насос густой смазки
- rille	жёлобок для густой смазки
Fettschmier'anlage	установка густой смазки
- befüllstation	заправочная станция густой смазки
- leitung	трубопровод системы густой смазки
- menge	количество смазки
- plan	план густой смазки
- pumpe	насос густой смазки
- schema	схема густой смазки
- station	станция густой смазки
- stelle	точка густой смазки
Fett'schmierung (System)	система густой смазки
- schmierung	густая смазка
- sorte	марка густой смазки
- stand	уровень густой смазки
- station	станция густой смазки
- versorgung	снабжение густой смазкой
Feuchtigkeitsschutz	гидроизоляция
Feuchtregelung	регулятор влажности
feuer'beständig	жаростойкий, окалиностойкий
- fest	жаропрочный
Feuer'festigkeit	жаропрочность
- festigkeitsgrenze	предел жаропрочности
- festteile	огнеупоры
feuer'gefährdet	пожароопасный
- hemmend	огнезадерживающий
Feuerlöschanlage	пожаротушительная установка
Feuerlöscher	огнетушитель
Feuerlösch'schaum	огнегасящая пена
- station	станция пожаротушения
- ventil	пожарный кран
- wasserleitventil	кран противопожарного водопровода
Feuerraum - Fernsehanlage	телевизионная камера-зонда топки
Feuer'schutz	противопожарное приспособление
- schutzwand	огнезащитная стена
- stein	огнеупорный кирпич
feuerverzinkt	горячее цинкование
Filter	фильтр
- aggregat	агрегат фильтра

Filter'anlage	фильтровальная установка
- einsatz	патрон фильтра
- kreis	цепь фильтра
- maschine	фильтровальная машина
- matten	фильтр-маты
filtern	фильтрование
Filter'patrone	патрон фильтра
- pumpe	фильтровальный насос
- reinigung	очистка фильтра
- schlauch	тканевый фильтр
- sieb	фильтровая сетка
- steuerung	управление фильтрами
- tür	дверь фильтра
Filterung	фильтрация
Filter'verschmutzung	загрязнение фильтра
- verstopfung	засорение фильтра
- wasser	фильтрационная вода
- wasserbecken	бассейн для фильтрованной воды
- wasserpumpe	фильтровой водяной насос
- watte	фильтрирующая вата
Filz	фетр
- ring	фетровое кольцо
- streifen	фетровая полоса
Finger'magnet	магнит с пальцами
- pol	полюсный плавающий палец
Firma	фирма
Firmenschild	фирменная табличка
Firmware	матобеспечение
Fixier'einrichtung	фиксирующие устройство
- kammer	фиксирующая камера
- leiste	фиксирующая планка
- mittel	фиксируещее средство
- mittelpumpe	насос для фиксирующего вещества
- mittelzufuhr	подача фиксирующего средства
Fixierung	фиксирование
flach	плоский, полосовой
Flach (Stahl)	полосовая сталь
Flach'bandplatte	пластинчатый транспортёр
- baugruppe	модуль
- bauzelle	плоская ячейка

Flach'dichtung	плоское уплотнение
- eisen	полосовая сталь
- flammenbrenner	плоскопламенная горелка
flachfräsen	плоское фрезование
Flach'gummi	плоская резина
- kabel	плоский ленточный кабель
- kupferscheibe	плоская медная шина
- leiter	приставная лестница
- messer	плоский нож
- sattel	плоский боёк
- schaber	плоский шабер
- schmierkopf	плоская смазочная головка
- schmiernippel	плоский смазочный ниппель
- stahl	полосовая сталь
- strahldüse	сопло, создающее плоский факел
- winkel	плоская угловая сталь
- zapfen	плоская цапфа
- zapfentreffer	валковая муфта с плоскими цапфами
Fläche	поверхность
Flächen'belastung	нагрузка на поверхность
- schleifmaschine	плоскошлифовальный станок
Flämm'arm	рука огневой зачистки
- ausgangsposition	исходная позиция огневой зачистки
flämmbereit	готово к зачистке
Flämm'breite	ширина зачистки
- düse	газорежущее сопло
- einheit	устройство зачистки
- einrichtung	устройство огневой зачистки
Flämmen	огневая зачистка
Flämm'geschwindigkeit	скорость огневой зачистки
- handsollwert	заданное значение ручной огневой зачистки
- manipulator	манипулятор огневой зачистки
- maschine	машина огневой зачистки
- ring	огневое кольцо
- sauerstoff	кислород зачистки
- vorgang	процесс огневой зачистки
Flammen'abreißen	отрыв пламени
- länge	длина факела
- rückschlag	проскок пламени

Flammen'überwachung	контроль огневой зачистки
- überwachungszelle	элемент для обнаружения пламени
- wächter	элемент для контроля наличия пламени
flammgehärtet	газопламенная закалка
Flammpunkt	точка воспламенения
Flanke	фронт, боковина, профиль зуба
Flanken'baustein	фронтальный модуль
- durchmesser	средний диаметр резьбы
- merker	маркер фронта импульса
- richtung	направление зуба
- schleifmaschine	машина для заточки боковых граней пластинок
- spiel	боковой зазор
- spiel	зазор боковых поверхностей зубьев
- unparallelität	непараллельность боковых поверхностей
Flansch	фланец
- anschluß	флацевое присоединение
- befestigung	крепление фланца
- bolzen	фиксирующий штифт фланца
Flanschenrückschlagventil	фланцевый обратный клапан
Flansch'konsole	кронштейн
- kugelhahn	фланцевый шаровой кран
- kupplung	поперечно-свёртная муфта
- lager	фланцевый подшипник
- mittenabstand	расстояние между центрами фланцев
- motor	фланцевый двигатель
- nabe	ступица фланца
- rohr	фланцевая труба
- schraubenanzugsmoment	момент затяжки фланцевых болтов
- ventil	фланцевый клапан
- verbindung	фланцевое соединение
- verteiler	распределитель фланцов
- welle	фланцевый вал
Flaschenzug	тали, таль, полиспаст
flexibel	гибкий
fliegend	консольный
Fliehkraft	центробежная сила
- schalter	центробежный выключатель
- schalter (Relais)	центробежное реле
Fliehpendelprinzip	принцип центробежного маятника

Fließfett	разжиженная густая смазка
Flimmerlicht	мигающий свет
Flip - Flop - Verhalten	состояние триггера
Floppy Disk	флоппи-диск
Floppy - Disk - Einheit	запоминающее устройство флоппи-дисков
Flügelzellenpumpe	лопастной насос
Flügelzellenpumpe (Rexroth)	роторно-пластинчатый насос
Flüssigkeitsfilter	фильтр жидкости
Flüssigkeitsströmung	поток жидкости
Flur	пол цеха
- abdeckung	перекрытие пола
- höhe	уровень пола
Flußregler	регулятор потока
Flutec - Kugelhahn	Flutec-шаровой кран
Förder'band	ленточный транспортёр
- druck	рабочее давление
- einheit	единица подачи
- kette	передаточная цепь
- luft	подаваемый воздух
- menge	производительность
fördern	транспортировать, подавать, добывать
Förder'pumpe	топливный насос, насос подачи, нагнетающий насос
- richtung	направление подачи
- schnecke	винтовой конвейер, винтовой транспортёр
- seite	сторона транспортировки
- technik	транспортное оборудование
Förderung (Pumpe)	производительность
Förderung	подача
Förderventil	нагнетающий клапан
Förderweg	транспортный путь
Folge	следствие
- schaltung	схема следящего устройства
Foliengleitlager	подшипник скольжения с пластмассовой прокладкой
Forderungen	требование
Format	формат
Formdurchmesser	диаметр формы
Fortsetzung	продолжение
Fotozelle	фотоэлемент

fräsen	фрезероватв
Fräser - Radius	радиус фрезы
Fräslinie	линия фрезы
Fraktionierungsziffer	число фракционирования
frei	свободный
freifahren	освободить
Freiform - Schmiedepresse	пресс свободной ковки
freifräsen	отфрезеровать
Freigabe	разрешение на передачу
- signal	сигнал освобождения
- stellung	положение деблокировки
Freigang	свободный ход
freigeben	деблокировка
Freiluft - Porzellan - Durchführungsklemme	проходной керамический изолятор для наружной установки
Frei'maß	свободный размер
- maßtolleranz	допуск свободного размера
freiprogrammierbar	свободно программируемый
Frei'raum	свободное место
- stich	выточка
- winkel	угол между боковой гранью пластинки и вертикалью
Fremd'belüftung	принудительная вентиляция
- belüftungsgerät	прибор принудительной вентиляции
- einspeisung	питание от постороннего источника
- erregung	независимое возбуждение
- lüftung	принудительная вентиляция
- spannung	постороннее напряжение
- stoffgehalt	содержание примеси
Frequenz	частота
- analysator	анализатор гармоник и измеритель коэффициента несинусоидальности
- bereich	диапазон частот
- byte	байт частоты
- einstellung	регулировка частоты
- entlastung	частотная разгрузка
- generator	генератор частоты
- nachführung	частотное слежение
- schwankung	колебание частоты
- umformer	преобразователь частоты

Frequenz'umrichter	преобразователь частоты
- wächter	реле контроля частоты
- zähler	счётчик-частометр
Frischöl	свежее масло
- behälter	бак свежего масла
- sammelbehälter	сборник свежего масла
- tank	бак для свежего масла
Frischwasser	свежая вода
Front'platte	передняя панель
- platte bedruckt	передняя плата, печатная
- plattenbohrung	отверстие в передней панели
- seite	фасад
- stecker	фронтальный штеккер
- steckeradapter	адаптер с фронтальным штеккером
Fühlerlehre	щуп
führen	управлять, направлять, водить
Führerkabine	кабина машиниста
Führung	руководство, упраление
Führungs'achse	направляющая ось
- bahn	направляющая
- bolzen	направляющий палец
- buchse	направляющая втулка
- hälfte	половина направляющей
- halter	держатель направляющей
- konsole	направляющий кронштейн
- kopf	направляющая головка
- kurbelwelle	направляющий коленчатый вал
- leiste	направлеющая планка
- lineal	направляющая линейка
- platte	направляющая плита
- rahmen	направляющая рама
- ring	направляющее кольцо
- rinne	направляющий жёлоб
- rohr	труба для направления траверсы
- rolle	направляющий ролик
- rollenpaar	пара направляющих роликов
- rutsche	направляющий жёлоб
- scheibe	направляющая шайба
- schiene	опорная шина
- ständer	направляющая станина

Führungs'stange		направляющая штанга
- station		пост управления
- stück		направляющая
- system		система управления
- tisch		направляющий стол
- winkel		направляющий угол
Füll'anschluß		наполнительный патрубок
- behälter		бак наполнения
- behälterverankerung		анкеровка наполнительного резервуара
- druck		давление наполнения
füllen		наполнять
Füll'filter		заправочный фильтр
- gut		загружаемый материал
- leitung		трубопровод заправки
- pumpe		насос наполнения
- schlauch		заправочный шланг
- standanzeige		указатель уровня
- standanzeiger		индикатор уровня
- standschalter		выключатель уровня
- station		заправочная станция
- stück		прокладка
Füllung		наполнение
Füllungs'grad		град наполнения
- trichter		воронка наполнения
Füll'ventil		клапан для наполнения
- vorrichtung		устройство наполнения
Fünffachverteilerblock		распределительная коробка на 5 направлений
Fuge		шов
Fugenform		форма шва
Fundament		фундамент
- anker		фундаментный болт
- belastung		нагрузка на фундамент
- bereich		участок фундамента
- bock		фундаментная стойка
- bolzenliste		перечень фундаментных болтов
- bolzenplan		план для фундаментных болтов
- grundriß		план фундамента
Fundament'kanal		бетонный канал
- kante		кромка фундамента

Fundament'klotz	фундаментная колодка
- kontur	внешний контур фундамента
- lastplan	план нагрузок на фундамент
- leiste	фундаментная планка
- plan	план фундамента
- platte	фундаментная плита
- rahmen	фундаментная рама
- schnitt	разрез фундамента
- schraube	фундаментный болт
- trennfuge	фундаментный шов
- vertiefung	заглубление фундамента
- zeichnung	чертёж фундамента
Funkenkammer	искровая камера
Funksprechgerät	радиотелефонное устройство
Funktion	функция
Funktions'ablauf	последовательность операций
- baustein	функциональный модуль
- beschreibung	описание функции
- generator	функциональный генератор
- gruppe	группа функции
- modul	функциональный модуль
- nachweis	приёмочное испытание
- nahtstelle	функциональные места сопряжения
- prüfung	функциональное испытание
- stöhrung	нарушение функции
- tastatur	функциональная клавиатура
Fuß (Unterbau)	основание
Fuß	ножка
Fuß'drucktaster	педальный кнопочный выключатель
- heber	педальный подъёмник
- kegelwinkel	угол при вершине конуса впадины
- leiste	плинтус
- platte	опорная плита
- taster	ножной выключатель
- winkel	угол ножки
Futterblech	футеровочный лист
F/U - Wandler	преобразователь частоты и напряжения

Gabel	вилка
- hebel	вилкообразный рычаг
- kopf	вилкообразная головка
- mittelteil	средняя часть вилки
- oberteil	верхняя часть вилки
- schlagschlüssel	вилкообразный ударный ключ
- stapler	вилочный погрузчик
- stück	вилочная серьга
- unterteil	нижняя часть вилки
Gallsche Kette	цепь Галля
galvanisch	гальванический
Galvanisiertrennblock	модуль гальванического разделения
Gammazelle	гамма-ячейка
Gangzahl (Gewinde)	число заходов
Garantie	гарантия
Gas	газ
- absperrventil	газовый отсечный клапан
- analyseschrank	шкаф для анализа газа
- ausscheidung	газовыделение
- beaufschlagssystem	система подачи газа
- betriebsdruck	давление газового режима
- dichte	плотность газа
- druck	давление газа
- druckmangel	недостаточное давление газа
- düse	газовое сопло
- entnahmegerät	устройство отбора газа
- entnahmesystem	устройство отбора проб газа
- feuerlöschanlage	установка газового пожаротушения
- flasche	баллон для газа
- kühler	газоохладитель
- kühlgerät	холодильник для газа
- kugelhahn	шаравой кран для газа
- melder	газоспасательный извещатель
- mengenregelung	регулирование расхода газа
- pendelleitung	гибкий газопровод
- regelpunkt	газорегуляторный пункт
- reinigungsanlage	устройство для очистки газа
- schlauch	шланг для газа
- sicherheitsmagnetventil	предохранительный электромагнитный клапан для газа

Gas'sicherheitsmotorventil	предохранительный газовый клапан с приводом
- steuertafel	панель для регулирования газа
- undurchlässigkeit	газонепроницаемость
- ventil	газовый вентиль
- versorgung	снабжение газом
- wirtschaft	газовое хозяйство
- zuführung	подвод газа
- zufuhr	подача газа
Gate - Kennlinie	характеристика стробимпульса
Gebäude	здание
- achse	ось здания цеха
- konstruktion	конструкция здания
- stütze	колонна здания
Geber	датчик
- anbaukombination	датчик-комбинация
- anschluß	подключение датчика
- gerät	датчик
- system	система датчиков
Gebläse	воздуходувка
Gebrauchswasser	произвдственная вода
gedreht gezeichnet	изображено с поворотом
geeignet	применимый
gefährden	подвергать опасности
Gefälle	уклон
Gefahr	опасность
Gefriertrockner	установка для сушки холодным воздухом
Gegen'druckschiene	направляющая противодавления
- flansch	ответный фланец
- gewicht	противовес
- holm	штанга манипулятора
- kante	противолежащая кромка
- kontakt	встречный контакт
- lager	контропора
- lagerabstand	расстояние между контропорами
- lineal	котрлинейка
- parallelschaltung	встечно-параллельная схема
- rad	сопряжённое колесо
- rahmen	контр-рама
gegenseitig	взаимно

Gegen'strombremsung	торможение на всречном токе
- stück	сопряжённая деталь
gegenüberliegend	противоположный
Gehänge	подвеска
Gehäuse	корпус
- axialstellung	корпус для осевой установки
- deckel	крышка корпуса
- fuß	лапка корпуса
- masse	масса корпуса
- mittelteil	средняя часть корпуса
- oberteil	верхняя часть корпуса
- teil	деталь корпуса
- umlenkblock	корпус направляющего упора
gehören	относится
gehont	хонингрованный
gekapselt	бронированный
Geländer	перила
- disposition (Anerkennung)	расположение перил
- disposition (Zeichnung)	чертёж расположения перил
- fuß	основание перил
- fußrohr	труба для основания перил
- rohr	труба для перил
- teilstück	участок перил
- verankerung	анкеровка перил
geläppt	притёртый
gelagert	расположенный
Gelenk	шарнир
- auge	шарнирный подшипник
- auge	гловка штока с шарнирным подшипником
- bolzen	шарнирный палец
- kopf	шарнирная головка
- lager	шарнирный подшипник
- schere (Dampfheißkühlung)	шарнирное соединение
- spindel	шарнирный шпиндель
- spindelschaft	стержень шарнирного шпинделя
- stange	шарнирный рычаг
- stangenkopf	головка шарнирного рычага
- stein	шарнирная кулиса
- stück	шарнир
- teil	шарнир

Gelenk'welle	шарнирный вал
- welle (Kardan)	карданныый вал
- welle (Zwischenwelle mit Universalscharnieren)	промежуточный вал с универсальным шарниром
- wellenflansch	фланец шарнирного вала
- wellentype	тип шарнирного вала
- zapfen	шарнирная цапфа
gemäß	согласно
Genauigkeitsgrad	класс точности
Genehmigung	разрешение
Generator	генератор
Generierungsanweisung	инструкция по генерации
genormt	стандартный
genutet	с пазами
gepaart	спаренный
geplant (glätten)	сглаженный
geplant (Oberfläche säubern)	зачищенныый
geplant (Bearbeitung Stirnfläche)	торец подрезан
gerade	прямо
Gerade	прямая
Gerade - Einschraubverschraubung	прямое резьбовое штуцерное сединение
geradeaus	прямо
Gerät	прибор
Geräte'art	вид прибора
- bezeichnung	обозначение прибора
- dose	коробка прибора
- lüfter	вентилятор прибора
- rückseite	обратная сторона прибора
- steckdose	приборная штепсельная розетка
- schaltbild	коммутационная схема
- type	тип прибра
geräuscharm	молошумный
geregelt	регулирванный
geriffelt	рифленный
Gerüst	клеть, каркас, станина
Gerüst'antrieb	привод клети
- bedienung	обслуживание клети
- bewegung	движение клети
- bühne	площадка клети
- disposition	расположение клети

Gerüst'hydraulik	гидравлическое устройство клети
- klemmung	зажим клети
- kupplung	муфта клети
- mitte	середина клети
- spindel	шпиндель клети
- ständer	станина клети
- staffel	группа клетей
- verriegelung	блокировка клетей
- verschiebung	передвижение клети
Gerüstwechsel	смена клети
- bühne	площадка для смены клети
- vorrichtung	устройство для смены клети
- wagen	тележка для смены клетей
gerundet	округленный
gesamt	общий
Gesamt'antrieb	общий привод
- belastung	общая нагрузка
- disposition	общее расположение
- gewicht	общий вес
- hub	общий ход
- kabelaufstellung	кабельный журнал
- länge	общая длина
- lageplan	генплан
- menge	общее количество
- plan	общий план
- stückzahl	общее число изделий
- strom	общий ток
- tiefe	общая глубина
- übersicht	общий обзор
- übersicht (Aufsicht)	общий вид
- übersichtszeichnung	чертёж общего вида
- verlust	общие потери
- volumen	общий объём
geschirmt	экранированный
geschlitzt	с прорезью
geschlossen	закрытый
Geschwindigkeit	скорость
Geschwindigkeits'reduzierung	понижение скрости
- regelventil	клапан регулирования скорости
- regler	регулятор скорости

Geschwindigkeitsumschaltung	переключение скорости
Gesichtsblende	плевая диафрагма
gestört	нарушенный, дефектный
gestreckt	растянутый
getaktet	тактированный
Getriebe	редуктор
Getriebe	передача/редуктор
- absperrventil	запирающий клапан редуктора
- achse	ось редуктора
- anschluß	присоединение редуктора
- anschlußgröße	размеры для присоединения редуктора
- befestigung	крепление редуктора
- daten	данные редуктора
- deckel	крышка редуктора
- gehäuse	корпус редуктора
- kasten	корпус редуктора
- motor	редукторный двигатель
getrieben	приводимый
Getriebe'öl	трансмиссионное масло
- öldruck	давление масла редуктора
- schmierung	смазка редуктора
- seite	сторона редуктора
getriebeseitig	со стороны редуктора
Getriebe'stellung	положение редуктора
- stufe	ступень передачи
- umschaltung	переключение редуктора
- untersatz	подставка редуктора
- unterzug	подставка двигателя
- zug	кинематическая цепь
Gewebe	ткань
Gewicht	вес
Gewicht	масса
Gewichtsausgleich	уравнивание веса
gewickelt	обмотанный
Gewinde	резьба
- anfang	заход резьбы
- bohrer	метчик
- bohrung	резьбовое отверстие
- bolzen	палец с резьбой
- buchse	резьбовая втулка

Gewinde'ende	конец резьбы
- freistich	выточка резьбы
- gang	ход резьбы
- länge	длина резьбы
- loch	резьбовое отверстие
- ring	кольцо с резьбой
- rohr	труба с резьбой
- schablone	резьбомер
- spindel	ходовой винт
- spindelmutter	шпиндельная гайка с резьбой
- stahl	резьбовой резец
- stange	стержень с резьбой
- stift	установочный винт
- stift	стопорный винт
- überstand	выступ резьбы
- verbindung	резьбовое соединение
gießharzimprägniert	пропитанный литьевой смолой
Gießharztransformator	трансформатор на литьевой смоле
Gießloch	отверстие для заливки
Gitter	решётка
- belag	решёточный настил
- blende	бленда-решётка
- rost	решётка
- tür	решёточная дверь
- wand	предохранительная решётка
glätten	выравнивать
Glättungs'drossel	сглаживающий дроссель
- kondensator	конденсатор сглаживания
- zeit	время сглаживания
Glas	стекло
- gewebe	стеклоткань
- wollfilter	фильтр из стеклянного волокна
glattrund	гладко-круглый
Gleichfeldmagnetisierung	намагничивание постоянным током
Gleichlauf	синхронизм, плавный ход
- regelung	регулирование синхронного хода
- welle	синхронный вал
Gleichlegerollgang	позиционный рольганг
gleichmäßig	равномерно
Gleichrichter	выпрямитель

Gleichrichter'betrieb	выпрямительный режим
- brücke	выпрямительный мост
- satz	комплект выпрямителей
Gleichspannung	постоянное напряжение
Gleichstrom	постоянный ток
- antrieb	привод постоянного тока
- bremsung	торможение постоянного тока
- fahrantrieb	привод передвижения постоянного тока
- hilfsantrieb	вспомогательный привод постоянного тока
- motor	двигатель постоянного тока
- nebenschlußmotor	шунтовой двигатель постоянного тока
- sammelschiene	сборная шина постоянного тока
- umkehrmotor	реверсивный двигатель постоянного тока
- widerstand	сопротивление постоянного тока
gleichzeitig	одновременно
Gleichzeitigkeitsfaktor	коэффициент одновременности
Gleis'anlage	рельсовые пути
- belastung	нагрузка на рельсы
gleislos	безрельсовый
Gleit'bahn	направляющая скольжения
- fläche	поверхность скольжения
gleitgelagert	на подшипниках скольжения
Gleit'klotz	колодка скольжения
- lager	подшипник скольжения
- lagerschale	вкладыш подшипника скольжения
- leiste	планка скольжения
- mutter	скользящая гайка
- paarung	трущиеся материалы
- platte	опорная плита скольжения
- punkt	плавающая запятая
- punktprozessor	арифметическая приставка с плавающей запятой
- punktzusatz	приставка с плавающей запятой
- ring	скользящее кольцо
- ringdichtung	уплотнение для скользящего кольца
- schiene	направляющая планка
- stein	кулисный камень
- stück	кулисный камень
Glied	звено

Glieder'kette	звеньевая цепь
- maßstab	складной метр
Glühbetrieb	режим отжига
Glühen	отжиг
Glüh'lampe	лампа накаливания
- ofen	печь отжига
- ofenwarte	пост управления печами отжига
- programm	программа отжига
- verlust	потери при прокаливании
Glyzerinmanometer	глицериновый манометр
goldbedampft	покрыто золотом
Gost	гост
Gost - Speicherpaß	паспорт аккумулятора по госту
Grad (Temperatur)	градус
Grad (Winkel)	степень
Grafik - Bildschirmeinheit	графический цветной дисплей
Grafiksichtstation	графический цветной дисплей
Granulation	грануляция
Granulierwasser	гранулирующая вода
- fluß	включение грануляции
- pumpe	насос гранулирующей воды
Grauguß - Schleifplatte	серочугунная шлифовальная плита
gravieren	гравировать
Gravitationslüfter	гравитационный вентилятор
Greifen	захват
Greifer	грейфер
Greifkanter	грейферный кантователь
- rahmen	рама грейферного кантователя
Greifrolle	грейферный ролик
Grenz'fett	предельная скорость числа оборотов при густой смазке
- kontakt	предельный контакт
- maß	предельный размер
- öl	предельная скорость числа оборотов при жидкой смазке
- strom	предельный ток
- taster	конечный выключатель
- wert	предельное значение
- wertgeber	датчик предельных значений
- wertmelder	сигнализатор предельного значения

Griffstange	рукоятка
Grob'abfuhr	грубая очистка воды от окалины
- abgleich	грубая настройка
- abscheider	сепаратор грубой очистки
- entsinterung	грубая очистка воды от окалины
- rechen	решётка для грубой очистки
- siebablauf	сливной фильтр грубой очистки
- staubbehälter	резервуар для крупной пыли
grobsynchronisiert	грубая синхронизация
Großofenraum	большой объём рабочего пространства печи
Grube	приямок
Grund (blank)	основание светлое
Grund'anstrich	грунтовка
- buchse	опорная втулка
- drehzahl	основная скорость вращения
- einheit	основная единица
- farbe	грунтовочная краска
- frequenz	основная частота
- frequenzanwahl	выбор основной частоты
- gerät	базовое устройство
Grundierung	грунтовка
Grund'ölviskosität	исходная вязкость масла
- platte	опорная плита
- rahmen	опорная рама
- riß	план
Grundschwingungs'blindleistung	реактивная мощность первой гармоники
- spannung	напряжение прямой последовательности
- spannung	напряжение основной частоты
Grund'sollwert	основное заданное значение
- stellung	исходне положение
- stufe	основная ступень
- verdrahtung	основная электропроводка
- werkzeug	основной инструмент
Gruppe	группа
Gruppen'einspeisung	питание групп
- gewicht	вес узла
gruppenrahmenseitig	обратная сторона групповой рамы
Gruppenzeichnung	узловой чертёж
Gütegrad	класс точности

Gütestufe		класс точности
Gummi		резина
	- dichtung	резиновая прокладка
	- einblicktubus	смотровой тубус с резиновым окаймлением
	- flachleitung	проводник в резиновой оболочке
	- gewebe	прорезиненная ткань
	- hammer	резиновый молот
	- kompensator	резиновый компенсатор
Gummi - Metall Bindemittel (auf Lösemittelbasis)		резиново-металлические вяжущие материалы на основе растворителя
Gummi - Metallelement		резино-металлический упругий элемент
Gummi'platte		резиновая плита
	- puffer	резиновый буфер
	- ring	резиновое кольцо
	- scheibe	резиновый круг
	- schleifteller	резиновый тарельчатый шлифовальный круг
Gurtverbindung		ленточный конвейер
Guß		отливка
	- abzweigdose	литые ответвительные коробки
	- gehäuse	литой корпус
gußgekapselt		с литейной оболочкой
Guß'stahllegierung		отливка из легированной стали
	- stück	отливка
	- widerstand	литое сопротивление

Haarlineal	лекальная линейка
Häckselbetrieb	режим крошения
Häckseln	крошение
Häcksel'position	позиция крошения
- schere	крошительные ножницы
- schnitt	резка крошения
- stellung	позиция крошения
- weiche	стрелка для отвода скрапа
Hänge'bühne	подвесная площадка
- decke (Ofen)	подвесной свод
- kasten	подвесной ящик
- korb	люлька
hängend	висячий
Härte	твёрдость
härten	закаливать
Härten	закалка, твердение
Härte'tiefe	глубина закалки
- vorrichtung	автомат для закалки зубьев
Haftschmieröl	адгезивное смазочное масло
Hahn	кран
- kegel	пробка крана
- schlüssel	ключ для крана
- wasserstandsanzeiger	кран для указания уровня воды
Haken	крюк
- ablegeposition	позиция опускания крюка
- anfang	начало крюка
- hub	высота подъёма крюка
- schlüssel	крючковый ключ
Halb'automatik	полуавтоматическое управление
- geschoß	полуэтаж
- leiter	полупроводник
- ring	полукольцо
- rundkerbnagel	цилиндрический просечной штифт с полукруглой головкой
- tür	створки окна
- zeug	полуфабрикат
Halfeneisen	анкерные шины
Halle	цех, пролёт
Hallen'achse	ось пролёта
- boden	пол цеха

Hallen'einfahrt	въезд в цех
- kran	мостовой кран
- schiff	пролёт
- stütze	колонна
Halt	стоп
Halte'bolzen	стопорный болт
- bremse	стопорный тормоз
- bügel	хомут/поддерживающая скобка
- deckel	удерживающая крышка
- klammer	зажим
- klappe	удерживающая заслонка
- klemme	зажим
- kraft	усилие удержания
- leiste	фиксирующая планка
- leistenverschiebung	перемещение держательной планки
- leistung	мощность на удержание
- moment	момент выдержки
- mutter	стопорная гайка
halten	остановить
Halte'nut	стопорная канавка
- platte	крепёжная плита
- punkt	точка остановки
Halter	держатель
Halte'ring	стопорное кольцо
- rohr	стальная опорная плита
Halterung	крепление
Halte'schraube	крепёжный винт
- spannung	удерживающее напряжение
- strom	удерживающий ток
- stück	держатель
- wicklung	удерживающая обмотка
Hammerschraube	болт с прямоугольной головкой
Hand Ein	ручное управление включения
Hand'ablaß	ручной выпускной клапан
- ablaßendabschalter	ручной выпускной клапан-конечный выключатель
- antrieb	ручной привод
- arbeit	ручная работа
- bedienung	ручное управление
handbetätigt	с ручным управлением

Hand'betrieb	ручное обслуживание
- blechschere	ручные ножницы для резки листового металла
- dateneingabe	ручной ввод данных
Handels'bezeichnung	фирменное название
- länge	стандартная длина
handelsüblich	стандартные
Hand'fettschmierstation	станция густой смазки вручную
- fettschmierung	смазка вручную
- gewindebohrer	ручной метчик
- hobelmaschine	ручная строгальная машина
- kurbel	кривошипная рукоятка
- lauf	поручень
- prüfgerät	переносный прибор контроля
- prüfstand	стенд для ручнго контроля
- pumpe	ручной насос
- rad	маховичок
- reibahle	ручная развёртка
- säge	ручная пила
- schmierpistole	шприц для ручной смазки
- schmierung	ручная смазка
- spritze	ручная брызгалка
- steuerstation	станция ручного управления
- steuerung	ручное управление
- tachometer	стробоскопический тахометр
- wagen	ручная тележка
- zange	ручная цанга
Hardware	техобеспечение
Hart'chrombeschichtung	слой твёрдого хромирования
- coartauflage	покрытие HARTCOART
- eloxialschicht	слой твёрдого ELOXIAL
- gewebe	текстолит
- gummi	эбонит
- holz	твёрдая древесина
hartlöten	твёрдый припой
Hartmetall'bestückung	твёрдоплавные пластинки
- plättchen	твёрдосплавная пластинка
- sägeblatt	пильный диск с твёрдоплавными зубьями
- spiralbohrer	твёрдоплавное спиральное сверло
- walze	твёрдосплавный валок

Hartmetallzahn	твёрдосплавный зуб
hart'verchromt	твёрдо хромировано
- vernickelt	твёрдо никелировано
Haube	колпак, крышка
Hauben'oberteil	верхняя часть колпака
- unterteil	нижняя часть колпака
Haupt'abmessung	основной размер
- absperrhahn	главный запорный кран
- antrieb	главный привод
- antriebsmotor	главный приводной двигатель
- antriebsspindel	шарнирный шпиндель
- aufgabe	главное задание
- filter	главный фильтр
- gasmagnetventil	главный газовый магнитный клапан
- gasventil	главный газовый клапан
- gebäudeachse	главная ось здания
- gruppenzeichnung	чертёж основного узла
- kontakt	главный контакт
- kurbel	основной кривошип
- leitung	магистраль
- pol	главный полюс
- polkern	сердечник главного полюса
- poltemperaturmessung	измерение температуры главного якоря
- pult	главный пульт
- pumpe	основной насос
- sammler	главный сборник
- schalter	главный выключатель
- schleifleitung	главный троллей
- schwenkwelle	главный приводной вал
- sicherheitsventil	главный предохранительный клапан
- speicher	главная память
- speicherinhalt	содержание основной памяти
- sperrung	главная блокировка
- stcuerbühne	главный пост управления
- steuerpult	главный пульт управления
- strom	главный ток, ток в главной цепи
- stromabnehmerplatte	плита главных потребителей тока
- strombahn	направляющая главного тока
- stromkreis	главная цепь тока
- traverse	главная траверса

Haupt'versorgung	общее питание
- verstärker	главный усилитель
- verteilung	главное распределительное устройство
- zacken	основные зубцы
- zündgasventil	главный клапан газа к пилотной горелке
Havarienetz	аварийная сеть
Head Alignment Tool	инструмент для установки головки
hebbar	подъёмный
Hebel	рычаг, рычажок
- antrieb	рычажный привод
- arm	плечо рычага
- bohrung	отверстие под рычаг
- mechanismus	рычажный механизм
- schalter	рычажный переключатель, рычажный выключатель
- system	рычажная система
- ventil	рычажный клапан
- welle	рычажный вал
Hebemechanismus	подъёмный механизм
heben	поднять
Heben	подъём
Hebe'system	система подъёма
- zeug	грузоподъёмное устройство
- zeug	подъёмное устройство
- zug	таль
- zylinder	подъёмный цилиндр
heften	прихватка, шитьё
Heftschweißung	сварка прихватками
Heißdampf	перегретый пар, пар высокой температуры
- kanal	канал для перегретого пара
- kühlung (Vorgang)	испарительное охлаждение
- kühlung (System)	система испарительного охлаждения
Heißlagerfett	высокотемпературная смазка для подшипников
Heißleitung	горячий трубопровод
Heißluft'beaufschlagung	подача горячего воздуха
- gebläse	воздухопродувка горячего воздуха
- gerät	устройство горячего воздуха
- mangel	недостаток горячего воздуха

Heiß'oberfläche	горячая поверхность
- wasser	горячая вода
Heiz'band	лента для обмотки кобелей в горячем состоянии
- dampfstab	паровой нагревательный элемент
- düse	нагревательное сопло
- element	нагревательный элемент
- flächenbelastung	теплонапряжение поверхности нагрева
- gas	топочный газ, печной газ
- leistung	теплопроизводительность, мощность обогрева
- sauerstoff	кислород для нагрева
Heizung (Raum...)	отопление
Heizung	нагрев
Heizungs'aggregat	агрегат нагрева
- regelung	регулирование нагрева
Heizzone	зона нагрева
heraufführen	вести наверх
herausführen	выводить
Hersteller	изготовитель
Herstellungswinkel	угол обработки
Hilfs'antrieb	вспомогательный привод
- antriebsspeisung	питание вспомогательного привода
- ausrüstung	вспомогательное оборудование
- betrieb	аварийный режим
- einrichtung	вспомогательное устройство
- haken	вспомогательный крюк
- kontakt	вспомогательный контакт
- kran	вспомогательный кран
- leistungsstecker	вспомогательный линейный штеккер
- merker	вспомогательный маркер
- netz	вспомогательная сеть
- netzschrank	шкаф для подключения вспомогательной сети, вспомогательный сетевой шкаф
- palette	вспомогательный поддон
- programm	служебная программа
- pumpe	вспомогательный насос
- register	вспомогательный регистр
- relais	вспомогательное реле
- satz	вспомогательный комплект

Hilfs'schalter	вспомогательный выключатель
- schalterblock	блок вспомогательных выключателей
- schütz	вспомогательный контактор
- spannung	вспомогательное напряжение
- spannungsnetz	сеть вспомогательного напряжения
- strom	вспомогательный ток
- stromendschalter	концевой выключатель вспомогательного тока
- versorgung	вспомогательное питание
Hinter'kante	задняя грань
- schopf	задний конец
- schopfschnitt	резка конца
- seite	задняя сторона
Hinweis	указание
Hirschmann - Steckkupplung	штепсельное соединение типа Hirschmann
hitzebeständig	теплоустойчивый
Hitze'beständigkeit	жаркостойкость
- schild	теплозащитный экран
hobeln	строгать, обрабатывать на строгальном станке
Hochdruck	высокое давление
- antrieb	привод высокого давления
- behälter	бак высокого давления
- filter	фильтр высокого давления
- geber	датчик высокого давления
- leitung	магистраль высокого давления
- mehrleitungsschmierleitung	многолинейная смазочная система
- öl	масло высокого давления
- polyäthylen	полиэтилен высокого давления
- pumpe	насос высокого давления
- schlauch	шланг высокого давления
- spannungskabel	кабель высокого напряжения
- ventil	клапан высокого давления
- verschlußnippel	запорный ниппель для высокого давления
- wasserstation	станция воды высокого давления
Hochfahren	разгон (двигателя), работа с полной нагрузкой (котла)
Hochklappen	открыть, поднять
Hochlauf	разбег, разгон (двигателя)

Hochlauf'geber	датчик разбега
- zeit	время разбега
Hochleistungs - Flügelzellen - Doppelpumpe	высокопроизводительный лопастной сдвоенный насос
Hochleistungs - Flügelzellen - Einzelpumpe	высокопроизводительный лопастной индивидуальный насос
Hochleistungsscheinwerfer	мощный прожектор
Hochregallager	высотный склад
Hochspannungs'probe	испытание высоким напряжением
- trenner	высоковольтный разъединитель
- umsetzanlage	высоковольтная преобразовательная установка
- wandler	измерительный трансформатор
- wicklung	обмотка высокого напряжения
Hochsteller	кантователь
Hochstellvorrichtung	кантователь
Hochstromschütz	сильноточный контактор
Hochtemperaturfett	густая смазка для высоких температур
Hochwasser'alarm	сигнал тревоги паводка
- pumpe	насос паводка
Höhe	высота
Höhen'angabe	указание отметки
- ausgleich	регулирование высоты
- ausgleichsmutter	гайка для регулирования по высоте
- ausgleichsschraube	болт для регулирования по высоте
- kote	отметка
- modul	модуль высоты
- verstellung	регулирование по высоте
- verstellzylinder	цилиндр для регулирования по высоте
hohl	пустой, пустотелый, полый
Hohl'niet	пустотелая заклёпка
- raum	полое пространство
- rolle	пустотелый ролик
- säule	пустотелая колонна
- welle	пустотелый вал
Holm	поперечина, лонжерон
- kopf	головка штанги манипулятора
Holz	древесина, дерево, лесоматериал
Homogenisierungs'betrieb	режим гомогенизации
- ofen	печь гомогенизации

Homogenisierungswarte	пост управления и гомогенизации
horizontal	горизонтальный
Horizontal'anstellung	установка по горизонтали
- betrieb	горизонтальный режим
- gerüst	горизонтальная клеть
- schnitt	горизонтальный разрез
- teilschnitt	горизонтальный частичный разрез
- walzgerüst	горизонтальная прокатная клеть
- zweiwalzengerüst	горизонтальная двухвалковая клеть
- zugstange	горизонтальная тяга
Hub	подъём, высота подъёма
Hub	ход, длина хода
Hubantrieb	привод шагающих балок
Hubantrieb	привод подъёма
Hubbalken	шагающая балка
- bett	поддон с шагающими балками
- kühlbett	холодильник с шагающими балками
- rost	подъёмно-шагающие балки
- zyklus	цикл шагающей балки
Hub'befehl	команда подъёма
- begrenzung	устройство ограничения хода
- begrenzungshülse	гильза для ограничения хода
- bewegung	перемещение по высоте
- einrichtung	подъёмное устройство
- element	элемент хода
- ende	конец хода
- gruppe	группа подъёмных балок
- herdrahmen	рама с шагающими балками
- höhe	высота подъёма
- Katz - Kran	ходовой подъёмный кран с тележкой
- kraft	подъёмная сила
- magnet	подъёмный электромагнит
- motor	двигатель механизма подъёма
- pumpe	подъёмный насос
- rahmen	подъёмная рама
- reserve	запасной ход
- rolle	подъёмный ролик
- takt	такт подъёмного хода
- tisch	подъёмный стол
- traverse	подъёмная траверса

Hub'verstellung	регулирование высоты
- vorrichtung	подъёмное устройство
- werk	механизм подъёма
- werksgetriebe	редуктор механизма подъёма
- zylinder	подъёмный цилиндр
Hülse	втулка
Hürde	стеллаж
Hürdenpfosten	стойка стеллажа
Hütten'flur	пол цеха
- wasser	техническая вода
Hupenanreiz	возбуждение сирены
Hupe	сирена
Hut	колпачок
Hutmutter	колпачковая гайка
Hydraulik	гидравлика
- aggregat	гидравлический агрегат
- akkumulator	гидравлический аккумулятор
- anlage	гидравлическая установка
- anschluß	место подключения гидравлики
- antriebsaggregat	агрегат привода гидравлики
- apparatur	гидравлическая аппаратура
- ausrüstung	гидравлическое оборудование
- dämpfung	гидравлическое демпфирование
- druck	гидравлическое давление
- druckbehälter	гидравлический напорный резервуар
- gerät	гидравлический прибор
- keller	гидроподвал
- kühler	охладитель гидравлики
- leitung	гидравлический трубопровод
- leitungsplan	схема гидравлических трубопроводов
- motor	гидродвигатель
- mutter	гидравлическая гайка
- öl	гидравлическое масло
hydraulikölbeständig	гидромаслостойкий
Hydraulik'plan	гидравлический план
- prüfstand	стенд для испытания гидроаппаратуры
- puffer	гидравлический амортизатор
- pumpe	гидравлический насос
- richtlinie	инструкция по гидравлике
Hydraulikschmierleitung	гидроприводы густой смазки

Hydraulik'speicher	гидроаккумулятор
- speichereinheit	гидроаккумуляторный блок
- station	гидравлическая станция
- steuerapparatur	гидравлическая аппаратура управления
- steuerstand	стенд гидравлического управления
- ventil	гидравлический клапан
- zentrale	гидростанция
- zylinder	гидравлический цилиндр
hydraulisch	гидравлический
Hydro - Motor	гидродвигатель
Hydro - Presse	гидро-пресс
Hydro'hubzylinder	гидроцилиндр подъёма
- zyklonenanlage	гидроциклонная установка
- zylinder	гидроцилиндр
Hysterese - Schaltung	гистерезисторная схема
HZ (Hertz)	ГЦ(герц)

I - Stahl	двутавровая сталь
Identifikation	идентификация
Identifikations'platz	место идентификации
- punkt	пункт идентификации
- stelle	пост идентификации
identifizieren	идентификация, опознование
Identifizierungs'daten	идентификационные данные
- kamera	камера идентификации
Idle (Leerlauf)	маятниковое движение шагающей балки
Impuls	импульс
- ausgabe	импульсный вывод
- bildung	формирование импульсов
- brenner	импульсная горелка
- frequenzgeber	частотный импульсный датчик
- geber	датчик импульсов
- leitung	импульсная цепь
- löschung	импульсное гашение
- merker	маркер импульсов
- mindestzeit	минимальное импульсное время
- regelung	импульсное регулирование
- stromversorgung	система импульсного питания
- übertrager	импульсный трансформатор
- umformer	импульсный преобразователь
- verstärker	усилитель импульсов
- weiche (Regulator)	импульсный регулятор
- zähler	счётчик импульсов
Inbetriebnahme	ввод в эксплуатацию
Index	индекс
- einrichtung	делительный механизм
indirekt	косвенный, не прямой
individuell	индивидуальный
induktiv gehärtet	индуктивно закалённый
Induktivität (Spule)	катушка индуктивности
Induktivität	индуктивность
Industrie'betrieb	эксплуатационный режим
- fernsehen	промышленное телевидение
- fernseheinrichtung	промышленная телеустановка
- kamera	прикладная промышленная телекамера
- thermostat	промышленный термостат
- wasser	технологическая вода

Inertgas	инертный газ
infolge	вследствии
Informations'fluß	информационный поток
- träger	носитель информации
- zentrum	информационный центр
Infrarot - Detektor	инфракрасный детектор
Inhalt	содержание
Inhalt (Volumen)	объём
Initiator	инициатор
Injektor	инжектор
- brenner	горелка инжекционного типа
inkrementaler Geber	счётно-импульсный датчик
Innen'aufstellung	установка в помещении
- ausbau	отделка
- beleuchtung	внутреннее освещение
- durchmesser	внутренний диаметр
- fläche	внутренняя поверхность
Innengerüst	внутренняя клеть
- klemmung	зажим внутренней клети
- verschiebung	перемещение внутренней клети
Innen'gewinde	внутренняя резьба
- kante	внутренняя кромка
- lüfter	внутренний вентилятор
- radius	внутренний радиус
- raster	внутренний растр
- raum	внутреннее помещение
- ring	внутреннее кольцо
- sechskantschraube	винт с цилиндрической головкой с внутренним шестигранником
- seite	внутренняя сторона
- teil	внутренняя деталь
- wand	внутренняя стена
Innovation	инновация
Inspektions'deckel	смотровая крышка
- stand	инспекторный стенд
- tür	смотровое окно
Integrator	интегратор
Integrierte Schaltung	интегральная схема
Integrierwerk	интегратор
Interface	интерфейс

Interrupt	прерывание
inversiv	инверсный
Inverterstufe	ступень инвертора
ISO - Gewinde	резьба системы ISO
Isolation	изоляция
Isolations'fehler	ошибка изоляции
- klasse	класс изоляции
- material	изоляционный материал
- meßgerät	измеритель сопротивления изоляции
- überwachung	контроль изоляции
- wächter	реле контроля изоляции
Isolator	изолятор
Isolator - Gerät	изоляторный прибор
Isolier'band	изоляционная лента
- beton	изоляционный бетон
- bolzen	изолировочный болт
- buchse	изолирующая втулка
isolieren	изолировать
isoliergeblechtes Joch	якорь с изолирующими пластинами
isoliergeblechtes Joch	якорь с изолирующими обмотками
Isolier'lage	изоляционный слой
- platte	изоляционная плита
- scheibe	изолирующая шайба
- stab	изолированный стержень
- stift	изолировочный штифт
- stoff	изоляционный материал
- stoffklasse	класс изоляции
- transformator	изолирующий трансформатор
Isolierung	изоляция
Isolier'verglasung	изолирующее стекло
- verschraubung	изолировочное резьбовое крепление
Isometrische Darstellung	изометрическое изображение
Ist	фактический
- durchmesser	фактический диаметр
- einbaumaß	действительный размер для встройки
- gewicht	фактическая масса
Istwert	фактическое значение, действительное значение
Istwert - Spannung	действительное напряжение
Istwertimpuls	импульс действительного значения

Istwertlesen — считывание действительного значения

Jalousieklappe		жалюзийная заслонка
Joch		траверса, ярмо
Justage		юстировка
- flansch		фланец/юстажный фланец
Justier'projektor		проектор для юстировки
- stellung		положение юстировки, позиция юстировки
Justierung		юстировка, регулировка

Kabel	кабель
Kabel'abfangeisen	опорный уголок кабелей
- abfangschiene	опорный уголок кабелей
- abschnitt	отрезок кабеля
- anschlußkasten	коробка для подключения кабелей
- baum	кабельный ствол
- bedarfsliste	спецификация кабельной продукции
- bezeichnungsmaterial	материал для обозначения кабеля
- binder	кабельный бандаж
- bock	кабельная подставка/стойка
- boden	фальшпол
- bodenpaneele	панель кабельного пола
- bohrung	отверстие для кабеля
- daten	данные по кабелю
- dose	кабельная ответвительная головка
- durchführung	проводка кабелей
- einbaukanal	кабельный канал
- einführung	кабельный ввод
- endverschluß	кабельная концевая муфта
- feld	панель кабельной линии
- führung	кабелепровод
- führungshals	горловина подвода кабеля
- kanal	кабельный канал
- klemme	кабельный зажим
- kupplung	кабельная муфта
- leiter	кабельные провода
- liste	перечень кабелей
- montage	прокладка кабелей
- pritsche	кабельная полка
- pritschenplan	схема кабельных полок
- rohr	кабельная труба
- rolle	кабельный барабан
- schacht	кабельный колодец
- schelle	кабельная скоба
- schlepp	гибкая цепь кабелей
- schleppkette	гибкая цепь кабелей
- schleppkettenkanal	канал для гибкой цепи кабелей
- schuh	кабельный наконечник
- schutz	защита кабеля
- schutzrohr	кабельная труба

Kabel'stütze	стойка для кабеля
- stutzen	патрубок для кабельного ввода
- tester	испытатель кабеля
- trasse	трасса для кабеля
- tunnel	кабельный тоннель
- umbauwandler	кабельный трансформатор тока
- verlegung	прокладка кабелей
- verschraubung	резьбовое кабельное соединение
- wagen	кабельная тележка
- ziehkasten	кабельная коробка
Kabine	кабина
Kabinentür	дверь кабины
Kältetrockner	установка для сушки холодной средой
Käufer	покупатель
- beistellung	поставка покупателя
Kaliber	калибр
- nummer	номер калибра
- standzeit	срок службы калибра
- stellung	позиция калибра
- teilung	разделение калибра
- verschiebung	перемещение калибра
- verschluß	зажим калибра
- verteilung	распределение калибров
- zeichnung	чертёж калибров
Kalibrierstellung	позиция калибра
Kalibrierungsschema	схема колибровки
Kalotte	сферическое гнездо
Kalotten'ring	полусферическое кольцо
- rückzugzylinder	цилиндр обратного хода со сферическими машами
Kalt'bruchfestigkeit	прочность излома в холодном состоянии
- druckfestigkeit	прочность на сжатие в холодном состоянии
Kaltlager	склад холодных заготовок
Kaltleitertemperaturwächter	терморезисторное реле перегрева
Kaltluftsammelleitung	сборник холодного воздуха
Kaltmaß	размер в холодном состоянии
Kaltsäge	пила холодной резки
Kaltschere	ножницы холодной резки
Kamerapapier	фотобумага

Kamin	дымовая труба
Kamindruck	давление в дымовой трубе
Kammerbetrieb	камерный режим работы
Kammernbearbeitungsvorgang	камерный процесс обработки
Kammwalze	шестерённый валок
Kammwalzengetriebe	шестерённая клеть
Kammwalzstufe	степень шестерённого валка
Kanal	канал
- aufhängung	подвеска канала
- isolierung	изоляция канала
- plan	план каналов
- porosität	канальная пористость
- sprung	канальный скачок
Kantantrieb	привод кантователя
Kante	кромка
kanten	кантовать
Kanten'armierung	армирование кромок
- bruch	закругление кромки
- hobeln	строжка кромок
- schutzeisen	металл для защиты кромок
- schutzwinkel	защитная обивка
- vorbereitung	разделка кромок
Kanter	кантователь
- rahmen	рама контавателя
- rolle	кантующий ролик
- welle	кантующий вал
Kant'gehänge	кантующая подвеска
- getriebe	редуктор кантователя
- haken	крюк кантователя
- hebel	кантующий рычаг
- holm	штанга манипулятора
- kopf	кантующая головка
- lineal	кантующая линейка
- rolle	кантующий ролик
- vorrichtung	устройство для кантовки
- weg	путь кантовки
- welle	вал кантователя
- wellenlager	подшипник вала кантователя
- wellenlagerbock	стойка подшипника вала контователя
- zylinder	цилиндр кантовки

Kapazität	ёмкость
Kappe	колпак
Karborundpulver	карборундовый порошок
Karten'einschub	вдвижной блок для панели
- ende	конец панели
Kassette	кассета
Kassettenleser	устройство считывания кассет
Kasten	короб
- querschnitt	коробчатое сечение
- träger	коробчатая балка
Kategorie	категория
Katze (Elektrozug)	тельфер
Katze	крановая тележка, кошка
Katzenantrieb	привод тележки
Katz'fahrwerk	механизм передвижения тележки
- hubwerk	подъёмный механизм тележки
- rahmen	рама тележки
- schiene	рельс для тележки
Kausche	коуш
KByte	кбайт
Kegel	конус
Kegel (Ventil)	тарелка
Kegel'kammwalzgetriebe	шестерённая клеть с коническим редуктором
- kuppe	конический конец
- pfanne	конусный подпятник
Kegelrad	коническое колесо
- gehäuse	корпус конического колеса
- getriebe	коническая зубчатая передача
- kammwalzgetriebe	шестерённая клеть с коническим редуктором
- konsole	кронштейн конического колеса
- kranz	зубчатый венец
- satz	комплект конических колёс
- stufe	ступень конического колеса
- welle	вал конического колеса
Kegelräder - Getriebezug	кинематическая цепь конического колеса
Kegel'reibahle	коническая развёртка
- ritzel	малая коническая шестерня
- rolle	конический ролик

Kegel'rollenlager	конический роликоподшипник
- schmiernippel	конический смазочный ниппель
- stift	конический штифт
- stiftsicherung	стопорение коническим штифтом
- stirnradgetriebe	редуктор с коническими цилиндрическими колёсами
- stumpffeder	коническая пружина
- vorsatz	коническая насадка
Keil	клин
- fläche	клиновая поверхность
- riemen	клиновой ремень
- riemenscheibe	клиноременный шкив
- scheibe	клиновая шайба
- spannvorrichtung	натяжное устройство для клиньев
- stahl	шпоночная сталь
- stück	клиновая деталь
- treiber	клиновая насадка для выбивки болтов, пальцев и т.п.
- welle	шлицевой вал
Kein Aus	нет выключения
Keller	подвал
- ausgang	выход из подвала
- wand	стена подвала
Kenn'daten	характеристика
- linie	характеристика
- nummer	номер кода
- wort	код
- zeichnung	обозначение
Keramik	керамика
keramisch	керамический
Kerbe (Dübel)	гнездо
Kerbe	надрез
Kerbenteilung	шаг гнёзд
Kerb'markierung	ударная маркировка
- nagel	цилиндрический просечной штифт
- schlagprobe	испытание на ударную вязкость
Kern	ядро
- durchmesser	диаметр стержня
- fehlerprüfanlage	установка для контроля внутренних дефектов

Kern'festigkeit	прочность стержня
- loch	отверстие под резьбу
- lochbohrung	отверстие под резьбу
- stopfen	стержневая пробка
- stopfenstange	комплект стержневых пробок
Kette	цепь
Ketten'abtragevorrichtung	цепное сталкивающее устройство
- abwicklung	размотка цепи
- anschlußwinkel	угольник для присоединения цепи
- antrieb	цепной привод
- antriebswelle	вал цепного привода
- aufwicklung	намотка цепи
- ausziehvorrichtung	цепной транспортёр для выдвижения перевалочных тележек
- bahn	цепной транспортёр
- beschickungsrost	цепная загрузочная решётка
- bett	цепной транспортёр
- bolzen	валик цепи
- bruch	разрыв цепи, обрыв цепи
- führung	направляющая цепей
- gehänge	цепная подвеска
- glied	звенья цепи
- haken	крюк цепи
- länge	длина цепи
- mulde	мульда для цепи
- rad	звездочка
- rohrzange	цепной трубный ключ
- rost	цепная решётка
- schmierung	смазка цепи
- schutz	защита из цепей
- spanner	натяжное устройство цепи
- symbol	символ цепи
- teilung	шаг цепи
- träger	носитель цепи
- tragrahmen	несущая рама цепи
- tragrost	цепная решётка
- tragschlepper	цепной передаточный шлеппер
- transport	цепной транспортёр
- transportvorrichtung	цепной транспортёр
- trieb	цепная передача

Ketten'vorhang	цепной затвор
- wender (Vorrichtung)	цепное кантующее устройство
- wender	цепной кантователь
- wendermotor	двигатель цепного кантующего устройства
- wendevorrichtung	цепное кантующее устройство
- zange	цепная цанга
kinematisch	кинематический
kinetische Energie	кинетическая энергия
Kippeinrichtung	кантователь
kippen	опрокидывать, кантовать
Kippen	кантование
Kipp'mulde	опрокидывающийся жёлоб
- stuhl	опрокидыватель
- tasche	опрокидывающая люлька
- vorrichtung	кантователь
Klammer	зажим
Klappanker	якорь со складными лапами
Klappe	заслонка
Klappen'antrieb	привод заслонки
- gestänge	приводная тяга
- steller	позицинер заслонки
- stellung	позиция заслонки, положение заслонки
- steuerung	управление заслонкой
- verbindungsgestänge	система рычагов для соединения заслонок
Klaue	кулачок
Klebeanker	анкер на клее
kleben	клеить
Kleber	клей
kleiner Hub	небольшой подъём
Kleinteil	мелкая деталь, малогабаритная деталь
Klemm'abzieher	клеммовытаскиватель
- backenträger	балка зажимной колодки
- band	скоба для труб
- bolzen	зажимный болт
- brett	клеммная балка
- buchse	зажимная втулка
- bügel	зажимная скобка
- druck	давление зажима

Klemme (elektr.)	клемма
Klemme (mechan.)	зажим
klemmen	зажать
Klemmen'kasten	клеммная коробка
- leiste	клеммник
- leistenzeichnung	чертёж клеммников на схеме
- position	позиция зажимов
- übersichtsplan	общий план клемм
Klemm'hebel	зажимный рычаг
- klotz	заклинивающийся сухарь
- kopf	зажимная головка
- kopfverrohrung	трубопроводы к зажимной головке
- kraft	усилие зажима
- länge	длина зажима
- leiste	клеммная планка
- platte	зажимная плита
- prüfspitze	зажимный наконечник
- schieber	фиксирующая деталь валка
- schuh	кабельный наконечник
- sockel	клеммник
- spannung	клеммные зажимы
- stange	зажимная штанга
- stück	зажимная деталь
Klemmung	зажим
Klemm'vordruck	предварительное сжатие зажима
- vorrichtung	зажимное устройство
- weg	путь зажима
- zylinder	зажимный цилиндр
Klima'anlage	установка кондиционирования воздуха
- festigkeit	устойчивость при различных климатических условиях
- gerät	кондиционер
- schrank	шкаф кондиционера
Klimatisierung	кондиционирование воздуха
Klinke	собачка
Klinken'hebel	рычаг с собачкой
- hebellager	подшипник рычага с собачкой
- mitnehmer	храповой захват
- steuerung	управление собачкой

Klotz	колодка
Knebel	закрутка
Knebel	перекидная рукоятка
Knebelschalter (Mehrpositions-Hebelschalter)	многопозиционный рычажный переключатель
Knebelschalter (T - Förmig)	Т-образный выключатель
Knebelschraube	винт с закруткой
Kniehebelstütze	шарнирная опора
Knoten'blech	косынка
- verbindung	узловое соединение
Knüppel	заготовка
- bremse	тормоз для заготовок
- durchlauf	продвижение заготовок
- durchmesser	диаметр заготовки
- ende	конец заготовки
- entnahme	отбор заготовки
- erfassung	регистрация заготовок
- freigabe	деблокировка заготовки
- kennung	код заготовки
- lage	положение заготовки
- position	позиция заготовки
- straße	заготовочный стан
- transport	транспортировка заготовок
- walzwerk	заготовочный стан
- ziel	цель заготовки
Koax - Kabel	коаксиальный кабель
koaxiales Kabel	коаксиальный кабель
Körper	корпус
- schallisolierung	звукоизоляция корпуса
Koffer	чемодан
Kohle'bürste	угольная щётка
- schleifstück	угольная скользящая накладка
Kolben	поршень
- buchse	поршневая втулка
- dichtung	уплотнение поршня
- durchmesser	диаметр поршня
- fläche	поверхность поршня
- geschwindigkeit	скорость поршня
- mutter	гайка поршня
Kolbenpumpe	поршневой насос

Kolbenring	поршневое кольцо
kolbenseitig	со стороны поршня
Kolben'speicher	поршневой гидроаккумулятор
- stange	поршневой шток
- stangenauge	отверстие поршневого штока
- stangendurchmesser	диаметр поршневого штока
- stangengabel	вилка поршневого штока
- stangenkopf	головка штока
Kollektor - Fräsapparat	устройство для продороживания коллектора
Kollektor - Schleifmaschine	устройство для шлифовки коллектора
Kolophonium	канифоль
Kombination	комбинация
kombinieren	комбинировать
Kombizange	пассатижи
Kommando Ein	команда включить
Kommandostufe	ступень команды
Kommission	комиссия
Kommunikation	связь
Kommunikations'punkt	точка связи
- stelle	место связи
Kommutator	коммутатор
- belüftung	вентиляция коммутатора
- haube	колпак коммутатора
- lufthose	воздуховод коммутатора
Kommutierung	коммутация
Kommutierungs'drossel	коммутирующий дроссель
- überspannung	перенапряжение при коммутации
Kompakt'aggregat	компактный агрегат
- dichtsatz	комплект компактных уплотнений
- dübel	компактный дюбель
- gerät	компактный прибор
kompatibel	совместимый
Kompensation	компенсация
Kompensations'anlage	фильтро-компенсационная установка
- kabel	компенсационный кабель
- kasten	компенсационная коробка
- leistung	компенсационная мощность
- leitung	компенсацинный провод
Kompensationswicklung	компенсационная обмотка

Kompensator	компенсатор
Kompensograph	компенсограф
komplett	комплектный
Komplettmeldungskennzeichen	индекс комплектности
Komponente	составляющая
Kompressor	компрессор
- innenteil	внутренняя часть компрессора
- raum	компрессорное помещение
- station	компрессорная станция
Kondensat	конденсат
- ableiter	конденсатоотводчик
- ableitstelle	место отвода конденсата
- abscheider	устройство для отвода конденсата
- kompensator	компенсатор конденсата
- leitung	трубопроводы для конденсата
Kondensator	конденсатор
- anschlußklemme	соединительные клеммы конденсаторов
- auslösegerät	устройство отключения конденсатора
Kondensat'rückführung	возврат конденсата
- rückpumpstation	насосная станция для возврата конденсата
- schlauch	шланг конденсата
Konfigurator	конфигуратор
konservieren	консервировать
Konsole	кронштейн
Konsolen'drehkran	консольно-поворотное устройство
- rolle	консольный ролик
Konstant'spannungsumformer	преобразователь со стабильным напряжением
- stromquelle	источник постоянного тока
Konstruktion	конструкция
konstruktiv	конструктивный
Kontakt	контакт
- arm	контактные щётки
- art	вид контакта
- belastung	нагрузочная способность контактов
- druck	контактное давление
- einsatz	контактная вставка
- fläche	поверхность контактов
- leiste	контактная планка

kontaktlos	безконтактный
Kontakt'manometer	контактный манометр
- platte	контактная плита
- scheibe	контактная шайба
- thermometer	контактный термометр
- vervielfältigung	размножение контактов
- vorrichtung	контактное устройство
- wagen	контактная тележка
- zeigerthermometer	контактный термометр со стрелкой
- zunge	язычок контакта
Kontermutter	контргайка
Kontern	контровка
Konter'ring	кольцо контрения
- schraube	контрвинт
kontinuierlich	непрерывно
Konti'staffel	группа клетей непрерывной прокатки
- staffel	непрерывная клеть
- straße	непрерывный прокатный стан
Kontrastfläche	контрастная поверхность
Kontrollampe	контрольная лампа
Kontrolle	контроль
Kontrollgerät	контрольный прибор
kontrollieren	контролировать
Kontroll'leuchte	контрольная лампа
- maß	контрольный размер
- pult	контрольный пульт
- stand	контрольный стенд
- stelle	контрольное место
- stift	контрольный штифт
Konturen	контуры
Konzentration	концентрация
Konzentrator	концентратор
Koordinaten	координаты
Koordinatentastatur	координатная тастатура
Koordinierungsmerker	маркер координации
Kopf'ausführung	исполнение вершины
- hörer	головной телефон, наушники
- kegelwinkel	угол при вершине конуса головок
- korrektur	исправление головки
- kreis	окружность головки

Kopf'kreisdurchmesser	диаметр окружности головки
- platte	покрывающая плита
- rücknahme	возврат головки
- seite	входная сторона
- träger	концевая балка
- verstellung	поворот головки
- winkel	угол головки
Kopierwerk (mechan.)	копировальное устройство
Kopierwerk (elektr.)	ротационный выключатель
Kopierwerk'anordnung	расположение копировального устройства
- getriebe	ротационный выключатель-редуктор
- konsole	кронштейн копировального механизма
Kopierwerks'befestigung	закрепление копировального устройств
- kontakt	контакт копировального устройства
- untersatz	подставка копировального устройства
Koppel'baustein	блок связи
- hebel	соединительная тяга
koppeln	связывать, соединять, сопрягать, спаривать
Koppel'relais	реле связи
- signal	сигнал связи
Kopplung	связь, сопряжение, соединение
Kopplungs'kartenleser	соединительное устройство для считывания карт
- software	матобеспечение связи
Korbleiter	лестница с защитной сеткой
Kork	пробка
Korrektur	корректировка
- programm	корректирующая программа
Korrigieren	корректировка
Korrosionsschutz	антикоррозионная защита
Korrosionsschutz	защита от коррозии
Korrosionszuschlag	припуск на коррозию
Kraft	сила, энергия
- abnahme	отдача усилия
- kombination	силовой поток
- meßdose	месдоза
- schaltgerät	коробка силового реле
- speicher	аккумулятор энергии
- zunahme	увеличение силы

Kragarmregal	полка, выполненная в виде консольных балок
Kragen'steckdose	гнездовая колодка экранированного штепсельного разъёма
- stecker	штепсельная часть экранированного разъёма
Kran	кран
- anfahrmaß	пусковой размер крана
- bahn	подкрановый путь
- bahn	крановые рельсы
- bahnschiene	подкрановый путь
- bahnschienenkopf	головка подкранового рельса
- balken	крановая балка
- brücke	крановый мост
- fahrantrieb	привод передвижения крана
- fahrt	перемещение крана
- fahrwerk	механизм передвижения крана
- führerhaus	кабина управления (краном)
- fuß	основание крана
- gerüst	мост крана
- kabine	кабина крана
- schiene	подкрановый рельс
- steuerung	управление краном
- terminal	крановый терминал
- terminalsystem	система терминалов для крана
Kratzer'förderer	скребковый транспортёр
- kette	скребковая цепь
Kratzkettenförderband	скребковый транспортёр
Kreiselpumpe	центробежный насос
Kreislauf	замкнутый контур
- kühlung	циркуляционная вентиляция
Kreisstrom	уравнительный ток
kreisstrom'behaftet	с уравнительным током
- frei	без уравнительного тока
Kreisstrom'sollwertbildung	формирование заданного значения уравнительного тока
- unterdrückung	подавление уравнительного тока
Kreisverstärker	усиление контура
Kreuzsteuerkopf	крестовая управляющая головка
Kreuzungsstelle	точка перекрещивания

Kreuzwelle	крестообразный вал
Kronenmutter	крончатая головка
Krümmer	колено
Krümmung	кривизна
Krümmungsradius	радиус изгиба
Kübel	ковш
kühl	холодно, прохладно
Kühl'aggregat	агрегат охлаждения
- art	вид охлаждения
Kühlbett	стеллаж для охлаждения, холодильник
- ende	конец холодильника
- erweiterung	расширение холодильника
- kante	край холодильника
- platz	место холодильника
- rechen	рейка холодильника
- schere	ножницы холодильника
- sektion	секция холодильников
Kühl'deckel	крышка подшипника с охлаждением
- düse	сопло охлаждения
- einsatz	охладительная вставка
Kühler	охладитель, холодильник, радиатор
- einsatz	вставка в охладитель
Kühl'gerät	прибор охлаждения
- körper	радиатор
- kreislauf	контур охлаждения
- kreislaufwasserfluß	охлаждающая вода-циркуляция
- leistung	мощность охлаждения
- leitung	трубопровод системы охлаждения
- luft	охлаждающий воздух
- luftgebläse	вентилятор охлаждающего воздуха
- mittel	охлаждающий агент
- mittelpumpe	насос охладительного средства
- pumpe	насос охлаждения
- pumpenanschluß	точка подключения насоса охлаждения
- programm	программа охлаждения
- schelle	охлаждающий фланец
- schmiermittel	смазочное-охлаждающее средство
- schmiermittelgrube	приямок для смазочно-охлаждающей жидкости
- station	станция охлаждения

Kühl'strecke	участок охлаждения
- system	система охлаждения
Kühlung	охлаждение
Kühlungs'art	вид охлаждения
- regelung	регулирование охлаждения
- regler	регулятор охлаждения
Kühlwasser	охлаждающая вода
- ablauf	слив охлаждающей воды
- auslauftemperatur	температура охлаждающей воды на выходе
- bedarf	расход охлаждающей воды
- druck	давление охлаждающей воды
- einlauftemperatur	температура охлаждающей воды на входе
- kontrolleinheit	контрольный блок для охлаждения воды
- kreis	сеть охлаждающей воды
- leitung	трубопровод охлаждающей воды
- menge	количество охлаждающей воды
- pumpe	насос охлаждающей воды
- regler	регулятор охлаждающей воды
- rücklauf	возврат охлаждающей воды
- schema	схема охлаждающей воды
- station	станция охлаждающей воды
- steuerung	система управления охлаждающей воды
- system	система охлаждающей воды
- tank	бак охлаждающей воды
- ventil	клапан охлаждающей воды
- vorlauf	подача охлаждающей воды
- zulauf	подвод охлаждающей воды
Kühl'zeit	время охлаждения
- zone	зона охлаждения
Küken	пробка
Kufe	лыжа
Kugel	шарик
- buchse	шариковая втулка
- drehverbindung	сферическое поворотное соединение
- flansch	шаровый фланец
- gelenk	шаровой шарнир
- gewindespindel	шариковый ходовой винт
- hahn	шаровой кран
kugelig	шарообразный
Kugelknopf	шаровая кнопка

Kugel'laufmutter	шариковая ходовая гайка
- pfanne	шаровой подпятник
- scheibe	закруглённая шайба
- sphäre	шаровая сфера
- spindelgetriebe	шариковая винтовая передача
- stift	шаровой штифт
- übertragung	шариковая передача
- umlaufspindel	шариковый шпиндель
- windeisen	вороток со сферической головкой
Kulisse	кулиса
Kulissenstein	кулисный камень
Kunde (Käufer)	покупатель
Kunde	заказчик
Kunden'bestellung	заказ покупателя
- lieferung	поставка покупателя
kundenseitig	поставляется покупателем
Kunststoff	пластмасса
kunststoffbeschichtet	покрыто пластмассой
Kunststoff'beschichtung	пластмассовое покрытие
- bogen	полимерная дужка
- rohr	полимерная трубка
Kupfer	медь
- ader	медная жила
Kuppelhaken	соединительный крюк
kuppeln	сцеплять
Kuppel'schalter	межсекционный выключатель
- stange	соединительная тяга
- stellung	позиция сцепления
- stück	соединительный элемент
- zelle	ячейка секционирования
Kupplung	муфта, сцепление, сцепка
Kupplungs'bolzen	соединительный палец, шкворень
- buchse	соединительная втулка
- größe	типоразмер муфты
- hälfte	полумуфта
- hälfte	полумуфта насажения
- hülse	соединительная втулка
- kombination	сочетание муфт
- muffe	соединительная втулочная муфта
- nabe	ступица муфты

Kupplungs'rad	колесо муфты
- ring	кольцо муфты
- ritzel	шестерня муфты
- scheibe	муфта-шайба
- schlitten	салазки муфты
- stecker	соединительный штепсель
- stück	сцепной элемент
- teil	деталь муфты
- treffer	треф муфты
- type	тип муфты
- zapfen	цапфа-муфта
Kurbel	кривошип, мотыль
Kurbel	кривошипная рукоятка
- hebel	ведущий рычаг
- schere	кривошипные ножницы
- welle	коленчатый вал
- wellenlager	подшипник коленчатого вала
- wellenlagerblock	стойка подшипника коленчатого вала
- wellenschmierung	смазка коленчатого вала
Kurven'form	форма кривой
- scheibe	дисковый кулачок
- stück	профильная деталь
Kurz'bezeichnung	условное обозначение
- kolben	укороченный поршень
Kurzschluß	короткое замыкание
- auslöser	расцепитель при коротком замыкании
- auslösung	расцепление при коротком замыкании
- betrieb	режим короткого замыкания
- festigkeit	устойчивость при коротких замыканиях
- läufer	короткозамкнутый ротор
- läufermotor	двигатель с короткозамкнутым ротором
- leistung	мощность короткого замыкания
- schutz	защита от коротких замыканий
- spannung	напряжение короткого замыкания
- strom	ток короткого замыкания
- verlust	потери короткого замыкания
Kurztelegrammtasten	клавиши кратких кодированных сообщений
Kurzzeichen	условное обозначение
kurzzeitig	кратковременно
KV - Anlage	распредустройство ....KB

KV - Motor	двигатель ....КВ
KW	киловатт
kyrillisch	с русским шрифтом

Labor	лаборатория
Labyrinth	лабиринт
- abdichtung	лабиринтное уплотнение
- band	лабиринтная лента
- deckel	лабиринтная крышка
- ring	лабиринтное уплотняющее кольцо
- schmierng	смазка лабиринтного уплотнение
Lade'gerät	зарядное устройство
- leistung	зарядная мощность
Laden	зарядки
Lade'strom	зарядный ток
- vorgang	процесс загрузка
Ladungsgeber	датчик заряда
Länge	длина
Längen'ausgleich	компенсация линейного расширения
- messer	измеритель длины
- messung	измерение длины
Längs'balligkeit	продольная выпуклость
- fahrzylinder	цилиндр продольного перемещения
- kupplungsschalter	выключатель продольного секционирования
- meßeinrichtung	продольное измерительное устройство
- naht	продольный шов
- nut	продольная канавка
- schlitz	продольный шлиц
- schnitt	продольный разрез
- steuerkopf	продольная управляющая головка
- streckungsgrad	степень линейного расширения
- träger	продольная балка
- wagen	тележка продольного перемещения
- welle	продольный вал
- zug	продольное натяжение
Lärm'schutzwand	шумозащитная стенка
- zone	зона повышенной шумности
Läufer	ротор
- blechpaket	пакет листов ротора
- schütz	контактор ротора
- stufe	ступень ротора
- temperatureinrichtung	устройство измерения температуры ротора

Läufer'temperaturmeßeinrichtung	устройство для измерения температуры якоря
- wicklung	обмотка ротора
- widerstand	сопротивление ротора
Lage (Bund von Stäben)	пакет
Lage (Stellung)	положение
Lage (Anordnung)	расположение
Lage (Stäbe)	слой
Lageabweichung	смещение положения
Lagen'breite	ширина слоя
- kontrolle	контроль пакетов
- sammler	сборник пакетов
- transportwagen	тележка послойной транспортировки матер
Lager	подшипник
Lager (Aufbewahrung)	склад
Lager'abdichtung	уплотнение подшипника
- ausguß	материал заливки подшипника
- balken	опорная балка
- belastung	нагрузка подшипника
- bestand	состояние склада
- bestandsführung	отображение состояния склада
- bock	стойка подшипника
- buchse	подшипниковая втулка
- deckel	крышка подшипника
- demontage	демонтаж подшипника
- durchmesser	диаметр подшипника
- einsatz	вкладыш подшипника
- fett	консестивная мазь подшипника
- flansch	фланец подшипника
- gehäuse	корпус подшипника
- halterung	стопорное кольцо подшипника
- körper	корпус подшипника
- konsole	кронштейн подшипника
- luft	зазор в подшипнике
- meister	мастер склада
- oberteil	верхняя часть подшипника
- pfanne	подпятник
- platte	опорная плита
- platz	место складирования

Lager'platzkorrektur	коррекция места складирования
- platznummer	номер места складирования
- rechner	вычислительная машина складов
- rechner	вычислительная машина для склада
- revision	ревизия подшипников
- ring	кольцо подшипника
- satz	нобор подшипников
- schale	вкладыш подшипника
- schalenhälfte	половина вкладыша подшипника
- scheibe	шайба подшипника
- schild	щит подшипника
- schmierung	смазка подшипника
- spiegelführung	ведение состояния складов
- stelle	опорная шейка
- stütze	опора подшипника
- system	система для склада
- tank	резервуар
- teil	деталь подшипника
- temperatur	температура подшипника
- träger	опора подшипника
- traverse	опорная траверса
Lagerung (Stütze)	опора
Lagerung (aufbewahren)	складирование, хранение, залегание
Lager'untersatz	подставка подшипника
- unterteil	нижняя часть подшипника
- verkeilung	заклинивание подшипника/подклинка подшипника
- zapfen	опорная шейка
Lamelle	пластина, пластинка, лепесток
Lamellen'kupplung	дисковая фрикционная муфта
- ring	фрикционный диск
Lampe	лампа
Lampen'fassung	ламповый патрон
- feld	панель с лампочками
- führung	направляющая для ламп
- prüfgatter	логическая схема для испытания ламп
- prüfung	контроль ламп
- reihe	линия ламп
- spannung	напряжение ламп
- test	испытение ламп

Lampenzieher	затягиватель ламп
Langflammenbrenner	длиннопламенная горелка
Langloch	шпоночная канавка
Langsamfahrt	замедленный ход
Lanze	трубка
Lasche	накладка, нажимная планка, серёжка, серьга
Laschenbohrung	пластинчатое отверстие
Last	нагрузка, груз
- angriffsstelle	место приложенной нагрузки
- anzeige	индикатор нагрузки, указатель нагрузки
- ausgleichsregelung	регулирование компенсации нагрузки
- ausgleichsregler	регулятор для компенсации нагрузки
- begrenzer	ограничитель нагрузки
Lasten	нагрузки
- heft	описание-спецификация системы
Last'flanke	рабочая боковая поверхность
- greifvorrichtung	грузозахватное приспособление
- haken	грузовой крюк
- magnet	грузовой магнит
- spannung	нагрузочное напряжение
- spannungsschütz	защита нагрузочного напряжения
- spannungsüberwachung	контроль напряжения нагрузки
- strom	ток нагрузки
- stufe	степень нагрузки
- stufenschalter	ступенчатый переключатель нагрузки
- trennschalter	выключатель нагрузки
- wechselspiel	цикл переменного нагружения
Laterne	переходник
Lauf	ход, пробег, движение, течение, работа
- bahn	ходовая поверхность
- bahnring	ходовое кольцо
- bedingung	условие хода
- blech	переходный лист
- bühne	переходная площадка
laufen	работать, двигаться
laufender Meter	погонный метр
Lauf'genauigkeit	точность вращения
- holm	подвижная траверса
- katze	крановая тележка

Laufrad	ходовое колесо, рабочее колесо
Laufrad (Ventilator)	крыльчатка
Laufrad'satz	пара ходовых колёс
- welle	вал ходовогго кольца
- zusammenstellung	компоновка ходового колеса
Lauf'ring	вращающееся колесо
- rolle	направляющий ролик, ходовой ролик
- rolle	каток
- schiene	ходовой рельс
- steg	переходной мостик
- überwachung	контроль хода
- weg	рабочий ход, путь пробега, троектория движения
- werk	ходовая часть, ходовой механизм
- zeit	время хода, время пробега, время прохождения(сигналов)
Lautsprechanlage	устройство громкоговорящей связи
Layout	план расположения
Leckage	утечка
Leckluft'kanal	канал утечки воздуха
- station	станция утечки воздуха
- station	станция компенсации утечки воздуха
Lecköl	сливное масло
- abführung	отвод сливного масла
- aggregat	агрегат сливного масла
- anschluß	патрубок для сливного масла
- behälter	бак для сливного масла
- direktrückführung	прямая обратная сплзь сливного масла
- lager	резервуар сливного масла
- leitung	трубопровод сливного масла
- pumpe	насос для сливного масла
- schlauch	шланг сливного масла
- stand	уровень сливного масла
- wanne	масляная ванна
leer	пусто
Leerbaustein	свободный модуль
leeren	опустошить
Leer'fahren	холостой ход
- fahrt	холостой ход
- gewicht	вес тары

Leerlauf'buchse	втулка холостого хода
- spannung	напряжение холостого хода
- verlust	потери холостого хода
Leer'meldung	сигнализация о пустом состоянии бака
- trenner	разъединитель
Leerungsende	окончание опорожения
Leerwindungen	холостые витки
Lege'daten	координаты расположения
- konus	конус для укладки проводов
Legende	экспликация
Lehre	теория, наука, калибр, шаблон
leicht	лёгкий
Leinwandeinlage	полотяная прослойка
Leiste	планка
Leistung (Durchsatz)	производительность
Leistung (elektr.)	мощность
Leistung - Betrieb	рабочая мощность
Leistungs - u. Steuerteil	силовая и управляющая часть
Leistungs'angabe	данные по мощности
- aufnahme	потребление мощности
- blatt	страница мощности
- einheit (Aggregat)	силовой агрегат
- einheit (Maßeinheit)	еденица мощности
- faktor	коэффициент мощности
leistungsgeprüft	испытано на мощность
Leistungs'halbleiter	силовой полупроводник
- kabel	силовой кабель
- kreis	силовая цепь
- regulator	регулятор мощности
- schalter	силовой выключатель
- schild	щиток с номинальными данными
- schütz	силовой контактор
- stecker	токопроводящая розетка
- stromkreis	силовая цепь
- stufe	ступень мощности
- teil	силовая часть
Leitblech	направляющий лист
Leiter (elektr.)	проводник
Leiter	вертикальная лестница
Leiterdurchmesser	диаметр провода

**verlag
übersetzungsbüro**

A. **Übersetzungen**

I. **Sprachen**

Englisch, Französisch
Spanisch, Portugiesisch, Italienisch
Niederländisch
Russisch, Polnisch, Rumänisch
Finnisch
Griechisch
Türkisch, Persisch, Arabisch
Chinesisch und andere ostasiatische
Sprachen

II. **Fachgebiete**

Technik / Physik
Wirtschaft
Recht
Medizin
Chemie / Biologie
Geographie / Geschichte
Kunst / Musik

und selbstverständlich Geschäfts-
korrespondenz

B. **Textverarbeitung**

I. Schreibarbeiten aller Art

Korrespondenz, Serienbriefe etc.
- auch in vielen der angebotenen Fremdsprachen

II. Erstellung kunden- u. druckfertiger Übersetzungen

C. **Fachwörterlisten / Glossare**

Erstellung von Fachwörterlisten bzw. Glossaren in allen angebotenen Fremdsprachen und Fachgebieten

tel.: 09131/21539

**schiffstr. 10
8520 erlangen**

Leiter'einhängung	подвеска лестницы
- glättung	сглаживание провода
- material	материал провода
- platte	печатная плата
- querschnitt	поперечное сечение провода
- temperatur	температура проводника
Leit'fähigkeit	электропроводность
- gerät	терминал управления
- schaufel	поворотные лопасти
- spindel	ходовой винт
- stand	пункт управления
Leitung	провод
Leitung (Linie)	линия
Leitung (Rohr)	трубопровод
Leitungs'anschluß	присоединение линий
- differentialschutz	дифферециальная защита кабеля
- ende	конец трубопровода
- filter	фильтр на линии
- führung	трасса проводов
- kanal	кабелепровод, кабельный канал
- satz	комплект проводов
- stecker	токопроводящая розетка
- wagen	токопровод
Lesekopf	считывающая головка
lesen	считывание
Leser	считываюшее устройство
Leucht'diode	светящийся диод
- drucktaste	святящийся кнопочный выключатель
- feld	световое табло
- melder	светящийся известитель
- stabanzeiger	индикатор со светящимся указателем
- stofflampe	люминисцентная лампа
- taste	светящаяся кнопка
- vorsatz	плафон
Libelle	уровень
Licht'alarm	сетевой сигнал тревоги
- band	светящаяся полоса
- bogen - Hand	ручная дуговая лампа
- bogenkammer	дугогасительная камера
- bogenschweißung	электродуговая сварка

Licht'einfall	падение света
- gitter	световая решётка
- gitterabdeckung	перекрытие световой решётки
- gitterrost	световая решётка
- schranke	световой барьер
- schrankenhalter	держатель светового барьера
- signal	световой сигнал
- stärke	сила света, светосила
- stärkeeinheit	еденица силы света
Lieferant	поставщик
Lieferanteil	состав поставки
Lieferer	поставщик
Liefer'firma	фирма-поставщик
- grenze	граница поставки
- länge	мерная длина
- menge	количество поставки
liefern	поставлять
Liefer'schlüssel	шифр поставки
- umfang	объём поставки
Lieferung	поставка
liegen	лежать
liegend	горизонтальный
Liegezeit	время хранения на складе
Lineal	линейка
Lineal'ausbau	демонтаж линейки
- einbau	монтаж линейки
- halter	держатель линейки
- traverse	траверса линейки
- verstellung	перестановка линейки
linear	линейный
Linearisierung	линеаризация
Linearverstellung	перестановка линейки
Linie	линия
Links'ausführung	левое исполнение
- lauf	левое вращение
Linse	линза
Linsensenkschraube	винт с полупотайной головкой
Lippendichtung	манжетное уплотнение
Liste	перечень
Listenteil	каталоговая часть

Loch'bild	расположение отверстий
- blech	перфорированный лист
- kreis	окружность отверстия
- scheibe	шайба с отверстием
Löffelschaber	ложкообразный шабер
Löschblech	гасительный смет
Löschen (elektron.)	стирание
Lösch'rolle	промокательный ролик
- vorgang	процесс пожаротушения
lösen	разъединять
lösen (Schraube)	отвернуть
Lösen	разъединение
Lösen (Schraube)	отвинчивание
Löse'rad	храповик
- spannung	напряжение расцепления муфты
- vorgang	процесс разъединения
- vorrichtung	устройство для расцепления
Lösungsmittel	растворитель
Löt'absaugung	отсос олова
- brücke	паяльный мост
- einheit	паяльный блок
- hülse	паяльная гильза
- kolben	паяльник
- maschine	паяльная машина
- muffe	соединительная муфта с применением пайки
- pinsel	паяльная кисть
- pistole	пистолетный паяльник
- punkthöhe	высота спая
- stift	паяльный стержень
Logic - Analyzer	анализатор логики
Logik'analysator	логический анализатор
- ausgang	логический вывод
- eingang	логический ввод
logisch	логически, логично
lokal	локально
Losdrehvorrichtung	устройство для отвинчивания нажимных винтов
Los'flansch	свободный фланец
- hälfte	подвижная полумуфта

Los'lager	плавающий подшипник
- lagergehäuse	корпус плавающего подшипника
- punkt	опорная точка с большим отверстием
Lotschnur	шнур для отвеса
Lückbereich	диапазон пробела
Lücke	пробел
Lückgrenze	граница пробела
Lücken'bildung	образование пробелов
- strom	прерывистый ток
Lückstromadaption	адапция прерывистого тока
lüften	проветривать, вентилировать
Lüfter	вентилятор
- baugruppe	вентиляторный узел
- zentrale	вентиляторный центр
- überwachung	контроль вентилятора
Lüftungsaggregat	вентиляционный агрегат
Luft	воздух, зазор, игра, люфт
- absperrung	блокирование воздуха
- anschluß	подключение воздуха
- beaufschlagungssytem (Ofen)	система подачи воздуха
- bedarf	расход воздуха
- behälter	воздушный бак
- drossel	воздушный дроссель
- drosselspule	катушка дросселя без ферромагнитного сердечника
- drosselventil	дроссельный воздушный клапан
- druck	давление воздуха
- druckmangel	недостаток давления воздуха
- düse	воздушное сопло
- erhitzer	воздухонагреватель, воздухоподогреватель
- führungsunterteil	сторона обслуживания нижней части воздуха-провода
- gasgemisch	воздушно-газовая смесь
luftgefedert	на пневнопрессорах
Luft'hose	воздуховод
- impulsbedienung	срабатывание воздушным импульсом
- kanal	воздушный канал, воздуховод
- kasten	устройство для подачи воздуха
- kastenträger	опора устройства для подачи воздуха

Luft'klappe	воздушный клапан
- kreis	циркуляция воздуха
- kühler	воздухоохладитель
- kühlung	воздушное охлаждение
- kupplung	муфта для воздуха
- leistung	мощность нагнетания
- leitung	воздухопровод, трубопровод сжатого воздуха, воздшная линия
- mangel	недостаток воздуха
- menge	количество воздуха
- schütz	воздушный контактор
- selbstkühlung	естественное воздушное охлаждение
- spalt	воздушный зазор
- spule	воздушный реактор
- station	пневмостанция
- stromüberwachung	контроль потока воздуха
- trockner	устройство осушки воздуха
- überwachung	контроль воздуха
- versorgungssystem	система снабжения воздуха
- wartungseinheit	блок осушки воздуха
- wechsel	воздухообмен
- widerstand	сопротивление воздуха
- zufuhröffnung	отверстие для подачи воздуха
- zylinder	пневмоцилиндр
Lukas - Kolben	поршень Lukas
Lumineszenzdiode	люминесцентный диод

M - Potential	потенциал массы
Magazintisch	стол магазина
Magnet	магнит
Magnetbandblock	блок данных на ленте
magnetbetätigt	электроуправляемый
Magnet'betätigung	с магнитным управлением
- brückenkran	магнитный мостовой кран
- elektrik	питание магнитов
- gehäuse	корпус магнита
Magnetisierung	нампгничивание
Magnetisierungs'messung	измерение намагничивания
- strom	ток намагничивания
Magnet'joch	магнитное ярмо
- kupplung	магнитная муфта
- laufkatze	электромагнитная тележка
- laufkran	электромагнитный кран
- niveauanzeiger	магнитный указатель уровня
- pumpe	магнитный насос
- schalter	выключатель с соленоидным приводом
- schaltkupplung	магнитная сцепная муфта
- spule	соленоид
- ständerbohrmaschine	сверлильный станок на магнитной ножке
- traverse	магнитная траверса
Magnetventil	магнитный клапан
- schrank	шкаф для магнитных клапанов
- schrank	шкаф электромагнитных вентилей
- spule	катушка электроклапана
- verstärkerstufe	степень усиления магнитного клапана
Magnet'vibrator	магнитный вибратор
- vorfilter	магнитный фильтр предварительной очистки
- wendevorrichtung	магнитное поворотное устройство
Mak - Anlage	установка метиленхлорида
Mak - Schüffler	измерительный датчик метиленхлорида
Makro - Übersetzer	макро-транслятор
Mangel	недостаток
Manipulator	манипулятор
- beschleunigung	ускорение манипулятора
- fahrgeschwindigkeit	скорость передвижения манипулятора
- fahrweg	путь передвижения манипулятора

Manipulator'gewicht	вес манипулятора
- kettenkanal	канал гибкой цепи к манипулятору
- schienengrundrahmen	основная рама рельсов для манипулятора
- zange	клещи манипулятора
Mannlochdeckel	крышка люка
Manometer	манометр
- anschluß	подключение манометра
- tafel	панель манометра
- wähler	селектор манометра
Manschette	манжета
Mantel (Kabel)	оболочка
Mantel (Gehäuse)	кожух
Mantel (Hülle)	рубашка
Mantelschneidzange	цанга для среза оболочки кабеля
Mantelschwimmer	цилиндрический поплавок
manuell	от руки, вручную
Marker	маркер
Markerbyte	бит маркера
Markier'speicher	маркировочная память
- takter	шаговое устройство маркировочного прибора
Markierung	маркировка
Markierungspfeil	маркировочная стрелка
Maschendrahtgitter	решётка из проволочной сетки
Maschen'netz	многократно замкнутая цепь, сложная петлевая сеть
- weite	ширина ячейки
Maschine	машина
Maschine (Werkbank)	станок
Maschinen'bügelsäge	ножовочный станок
- datenträger	машинный носитель
- fundament	фундамент под оборудование
- fuß	основание машины
- gestell	станина машины
- höheneinstellung	установка машины по высоте
- informationsträger	машинный носитель информации
- keil	машинный клин
- kode	машинный код
- montage	монтаж машины
- prüfschein	протокол испытания

Maschinen'säge	отрезной станок
- sägeblatt	ножовочное полотно
- überwachung	контроль машины
- wasserwaage	машинный ватерпас
Maß'bild	габаритный чертёж
- blatt	размерный чертёж
Masse	размеры
Masse	масса
Massedurchfluß	весовой расход
Massenträgheitsmoment	момент инерции масс
massiv	массивный
Massivkäfig	массивный сепаратор
maßlich	по размеру
Maß'liste	размерный лист
- reihe	размерная серия
- stab	масштаб
- zeichnung	чертёж с размерами
Material	материал
- anlegekante	грань прилегания материала
- aufgabe	заказ материала
- bedarf	расход материала
- bereich	участок материала
- bewegung	перемещение материала
- bilanz	материальный баланс
- block	блок материала
- einlauf	вход материала
- ende	конец материала
- fluß	технологическая схема
- fluß	поток материала
- flußverfolgung	слежение за материалом
- klemme	зажим материала
- kontrolle	контроль материала
- kopf	начало материала
- liste	перечень материалов
- ortdaten	данные о местоположении материала
- transport	транспортировка материала
- verfolgung	слежение за материалом
- verfolgungsdaten	данные слежения за материалом
- verfolgungsrechner	электронно вычислительная машина слежения за потоком материала

Material'verfolgungssystem	система вычислительной машины для слежения за материалом
- versorgung	обеспечивание материалом
mathematisches Modell	математическая модель
Mauer'anker	анкер, заложенный в кладку
- rahmen	монтажная рама
- winkel	крпёжный угол
Maulschlüssel	гаечный ключ с открытым зевом
maximal	максимально
Maximal'ankerstrom	максимальный ток якоря
- druckbegrenzungsventil	клапан для ограничения максимального давления
- gewicht	максимальный вес
- kontakt	контакт при максимальном уровне
- strom	максимальный ток
- wert	максимальное значение
Maximator	максиматор
Maximum	максимально
Mechanik	механика
- keller	механический подвал
mechanisch	механически
Mechanismus	механизм
Medien'bereich	участок электроносителя
- daten	характеристика сред
- führung	разведка трубопроводов для сред
- kanal	канал для сред
- kupplung	муфта для сред
- Multikupplung	муфта для сред
- netz	сеть электроносителей
- plan	план электроносителей
- zufuhr	подвод электроносителей
Medium	среда
Megapond	тонн сил
mehrdrahtig	многожильный
Mehrfach'anschaltung	многоцелевой блок подключения
- filtertasche	фильтрующий карман
- leuchtmelder	многократный сетевой известитель
- leuchtmelder	многократный светящийся сигнализатор
- schelle	многократный зажим
Mehrleiterpumpe	многопроводный насос

Mehrleiterschmiersystem	многопроводочная смазочная система
Mehrmotorenspeisung	питание многодвигательного привода
Mehrzweckregister	многоцелевой регистр
Meißel	резец
- kerbe	надрез резцом
- spitze	вершина резца
Meister'raum	помещение для мастеров
- schalter	командоаппарат
Melde'gerät	прибор сигнализации
- kontakt	сигнальный контакт
- leuchte	сигнальная лампа
- liste	список сигналов
Melder	известитель
Melde'relais	сигнальное реле
- schalter - Baustein	блок сигнального выключателя
- spannung	напряжение сигнализации
- system	система сигнализации
- tableau	сигнальное табло
- zweck	целевая сигнализация
Meldung	сигнализация
Membran	мембрана
- absperrventil	мембранный запорный клапан
- pumpe	мембранный насос
- teller	держатель мембраны
Menge	количество
Mengen'einstellung	установка количества
- regler	регулятор количества
- schieber	шибер расхода
- stellung	установка количества
- verhältnisregler	регулятор отношения расхода
Merker	маркер
- byte	бит маркера
- wort	слово маркера
Meß'anschluß	места подключения для измерения
- bereich	диапазон измерения
- bolzen	установочный палец
- box	измерительный ящик
- buchse	втулка измерения
- dose	месдоза
- eingang	измерительный вход

Meß'einheit	блок измерения
- einrichtung	измерительное устройство, измеритель
- einsatz	измерительная вставка
Messer	нож
- ausbauvorrichtung	устройство для демонтажа ножей
- balken	ножевая траверса
- durchmesser	диаметр ножа
- form	тип ножа
- futter	патрон ножа
- halter	суппорт ножа
- hebel	ножевой рычаг
- kopf	головка ножа
- kurbelwelle	коленчатый вал ножа
- leiste	ножевая планка
- öffnung	раствор ножа
- sattel	ножевой боёк
- sattelaufsatz	насадка ножевого бойка
- satz	набор ножей
- schlitten	суппорт ножа
- schraube	винт ножа
- spalt	зазор между ножами
- stahl	ножевая сталь
- tabelle	таблица ножей
- träger	суппорт ножа
- wechsel	замена ножа
- wechselvorrichtung	устройство для смены ножей
- welle	ножевой вал
Meß'fahrt	измерительное перемещение
- feld	измерительная панель
- fläche	измерительная поверхность
- gerät	измерительный прибор
Messing	латунь
- blech	медная жесть
- massivkäfig	массивный сепаратор из латуни
Meß'kanal	измерительный канал
- kette	измерительная цепь
- kopf	измерительная головка
- kreis	измерительная цепь, измерительный контур
- leitung	измерительный провод

Meß'pfad	измерительная цепь
- ring	измерительное кольцо
- rolle	измерительный ролик
- rollenantrieb	привод измерительных роликов
- schrank	шкаф для измерений
- spannung	измерительное напряжение
- streifen	измерительная полоска
- stutzen	штуцер для измерения
- teilung	шаг деления
- uhr	индикатор
- uhrenhalter	держатель стрелочного индикатора
- uhrenmagnethalter	магнитный держатель стрелочного индикатора
- umsetzer	измерительный преобразователь
Messung	измерение
Meß'verstärker	измерительный усилитель
- vorgang	процесс измерения
- wagen	измерительный вагон, динамометрический вагон
- werk	измерительный механизм
- werkzeug	измерительный инструмент
Meßwert	измеряемое значение
- anpassung	согласование измеряемой величины
- aufnehmer	чувствительный элемент для измерения величин
- auswertung	устройство для анализа измеряемых величин
- erfassung	регистрация измеряемой величины
- ferndruckwerk	дистационное печатающее устройство
- schwingung	колебание измеряемых велечин
Meßwiderstand	измерительное сопротивление
Meßzusatz	вторичный прибор
Metall	металл
- balg	металлический сильфон
metallisch	металлический
Metall'sägeblatt	металлическое ножовочное полотно
- sägebogen	рама ножовки
- schlauch	гибкий металлорукав
- späne	металлические стружки
Meter	метр

Methylenchlorid	метилен-хлорид
metrisch	метрический
Mikro'elektronik	микроэлектроника
- konsole	микродисплей
- modulbaustein	микромодуль
mikroprogrammiert	микропрограмированный
Mikroprozessor'modul	микропроцессорный модуль
- steuerung	устройство управления на микропроцессорах
- system	микропроцессорная схема
Mikroschalter	микровыключатель
Millibar	милибар
Millimeter	милиметр
Minderstation	редукционная станция
Mindestdrehmoment	минимальный вращающий момент
Mindesteintauchtiefe	минимальная глубина погружения
mindestens	не менее
Mindest'härte	минимальная твёрдость
- qualität	минимальное качество
- schließzeit	минимальное время замыкания
- verformungsgrad	минимальная степень деформации
Miniaturschalter	миниатюрный выключатель
Minicomputer	миникомпьютер
minimal	минимально
Minimal'kontakt	контакт при минимальном уровне
- zugregelung (System)	система регулирования минимального натяжения
- zugregelung (Vorgang)	регулирование минимального натяжения
Minimeß'anschluß	подключение для иоморония давления мнимесс
- druckschalteranschluß	место подключения манометрического выключателя минимесс
- leitung	провод минимесс
- schlauch	шланг минимесс
- schraubkupplung	резъбовая муфта минимесс
- system	система минимесс
Minimum	минимум, минимально
Misch'leistenadapter	контрольный адаптер
- luftventilator	вентилятор возддуха разбавления
- zyklon	смесительный циклон

Mitnehmer	поводок, хомутик, скребок
- anschluß	присоединение поводка
- bolzen	подводковый палец
- hülse	подводковая втулка
- kette	подводковая цепь
- kette (Kratzer)	скребковая цепь
- rahmen	подводковая рама
- ring	фрикционное кольцо
- scheibe	ведущий диск
Mit'system	основная частота
- system - Blindleistung	система прямой последовательности фаз
Mitte	ось
Mittel	среднее
- bolzen	средний болт
- druckgeber	источник среднего давления
- lastbetrieb	средний режим эксплуатации
- scheibe	средняя шайба
- stahlstraße	среднесортный цех
- stellung	среднее положение
- stiel	средний стержень
- teil	средняя часть
Mittenversatz	отклонение от оси
mittig	установленный по центру
mittig	соосный
mittlere Stellung	среднее положение
mobil	подвижный
Modell	шаблон
- nummer	номер шаблона
Modul	модуль
Modus	режим
Momentenrichtung	направление момента
Moniereisen	арматурная сталь
Monitor	монитор
- bild	изображение на мониторе
- röhre	трубка монитора
- träger	держатель для монитора
Montage	монтаж
- anweisung	инструкция по монтажу
- bild	монтажная схема
- bild (Zeichnung)	монтажный рисунок

Montage'bock	монтажная стойка
- bolzen	монтажный болт
- bühne	монтажная площадка
- gerät	монтажный прибор
- hinweis	указание по монтажу
- konsole	монтажная конзоль
- markierung	монтажная маркировка
- maß	монтажный размер
- naht	монтажный шов
- öffnung	монтажный проём
- platte	монтажная плита
- rahmen	монтажная рама
- schelle	монтажная скоба
- sohlplatte	монтажная плитовина
- wagen	монтажная тележка
- werkzeug	монтажный инструмент
- zeichnung	сборочный чертёж
montieren	собирать, монтировать
Morgan - Drahtstraße	проволочный стан Morgan
Morgan - Zeichnung	чертёж Morgan
Morsekonus	конус морзе
MOS - Transistor	МОп-транзистор
Mosaik - Wartentafel	щит управления мозаичного типа
Motor	двигатель
Motor Control Center	центр контроля двигателей
Motor'abdeckhaube	кожух двигателя
- abgang	фидер двигателя
- abzweig	фидер двигателя
- anker	якорь двигателя
- antrieb	привод двигателя
- anzugsmoment	пусковой момент двигателя
- befestigung	крепление двигателя
- belüftungskeller	подвал для винтеляционных устройсвт двигателя
motorbetätigt	с двигательным управлением
Motor'daten	характеристика двигателя
- drehmoment	вращающий момент двигателя
- drehzahl	скорость вращения двигателя
Motorenwelle	вал двигателя
Motorfundament	фундамент для двигателя

Motor'gruppe	группа двигателей
- konsole	кронштейн двигателя
- kupplung	муфта двигателя
- läufer	ротор двигателя
- leistung	мощность двигателя
- maßblatt	размерный чертёж двигателя
- nabe	ступица двигателя
- pendelschere	двигатель маятниковых ножниц
- schutzschalter	защитный автомат электродвигателя
- seite	сторона двигателя
motorseitig	со стороны двигателя
Motor'simulator	симмулятор мотора
- sockel	основание двигателя
- spannschlitten	натяжная каретка двигателя
- spezifikation	спецификация двигателя
- störung	неисправность двигателя
- typ	тип двигателя
- untersatz	подставка двигателя
- unterzug	подставка двигателя
- welle	вал двигателя
Mündungsmischbrenner	двухпроводная горелка
Muffe	муфта
Muffen'durchgangsventil	муфтовой проходной клапан
- kugelhahn	муфтовой шаровой кран
- rückschlagventil	муфтовой обратный клапан
- ventil	муфтовой вентиль
Multibildgenerator	генератор отображения
Multiplexersteuerung	устройство управления мултиплексором
Multiplizierer	множитель
Multivibrator	мультивибратор
Multizet	многопозиционный измерительный прибор "мультицет"
Mundstück	мундштук
Muntzmetall	мунтц-металл
Mutter	гайка
- höhe	высота гайки
- platte	винтовая плита
MV-/MA - Geber	датчик МВ/МА

NN (Normal Null; Höhe)	высота над уровнем моря (HH)
Nabe	ступица
Nabenlänge	длина ступицы
Nacharbeit	дополнительная обработка
nacharbeiten	дополнительно обработать
Nachbehandlung (Vorgang)	отделка
Nachbehandlung (Bereich)	отделение отделки
Nachbehandlungseinheit	еденица отделки
Nachdruck	перепечатка
nacheinander	последовательно
Nachführbetrieb	следящее обслуживание
Nachführung	слежение, сопровождение
Nachfüllbehälter	бак для доливки
Nachfüllen	дополнять, доливать, дозаправлять
Nachfüllflasche	баллон аккумулятора
nachgeschaltet	подключено
Nachhub	дополнительный ход
Nachlauf	выбег, движение по энерции, последняя фракция
Nachlauf'steuerung	следящее управление
- zeit	время слежения
Nachschärfen	переточка
Nachschärfung	переточка
nachschalten	дополнительно включить
Nachschleifen	переточка
nachschmierbar	повторно смазываемый
nachschmieren	повторная смазка
Nachschmier'frist	срок повторной смазки
- menge	количество повторной смазки
Nachstellung	регулировка, подналадка
Nachstellzeit	время регулирования
Nachsynchronisierung	дополнительная синхронизация, последующее озвучание
Nachtrag	дополнение
Nadel'hülse	втулка игольчатого подшипника
- ventil	игольчатый вентиль, безтарелочный вентиль
Näherungs'initiator	инициатор аппроксимации
- schalter	выключатель приближения
- schalteranordnung	расположение выключателя расположения

Nahtstelle	место сопряжения
Name	фамилия
Nase	нос, носовая часть, выступ, шип, дефлектор
Nasenkeil	(клиновая врезная) шпонка с головкой
Naß'elektrofilter	мокрый электрофильтр
- filter	мокрый фильтр
- luftfilter	мокрый воздухоочиститель
Naturzugkamin	дымовая труба с естественной тягой
Nebel'düse	сопло для распыления
- wasser	распылительная вода
Neben'antrieb	вспомогательный привод
- keller	вспомогательный подвал
- kurbel	вспомогательный кривошип
- produkt	побочный продукт
- schlußmotor	шунтовой двигатель
- stromfilter	байпасный фильтр
- welle	вспомогательный вал
- widerstand	шунтирующее сопротивление
- zacken	дополнительные зубцы
negativ	отрицательный
Neigeachse	ось наклона
neigen	наклонять
Neigen	наклон
Neige'winkel	угол наклона
- zylinder	цилиндр наклона
Neigung	наклон
Nenn'abstand	номинальное расстояние
- abtriebsdrehzahl	номинальное число оборотов ведомого звена
- abtriebsmoment	номинальный момент ведомого звена
- ankerspannung	номинальное напряжение якоря
- ankerstrom	номинальный ток якоря
- ausschaltstrom	номинальный ток отключения
- ausschaltvermögen	номинальная отключающая способность
- betriebsart	номинальный режим работы
- betriebsstrom	ток номинального режима
- dauerstrom	номинальный ток длительной нагрузки
- drehmoment	номинальный крутящий момент
- druck	номинальное давление

Nenn'durchfluß	номинальная пропускная способность
- durchmesser	номинальный диаметр
- einbaumaß	номинальный размер для встройки
- einschaltstrom	номинальный ток включения
- frequenz	номинальная частота
- frequenzbereich	диапазон номинальной частоты
- größe	номинальный размер
- kurzzeitstrom	номинальный кратковременный ток
- länge	номинальная длина
- last	номинальная нагрузка
- leistung	номинальная мощность
- maß	номинальный размер
- moment	номинальный крутящий момент
- schaltvermögen	номинальная коммутационная способность
- spannung	номинальное напряжение
- stoßkurzschlußstrom	номинальный ударный ток короткого замыкания
- stoßstrom	номинальный ударный ток
- strom	номинальный ток
- stromstoß	номинальный импульсный ток
- überstromfaktor	кратность первичного тока до насыщения
- weite	условный проход
- wert	номинальное значение
Nettokapazität	полезная ёмкость
Netz	сеть
- anschluß	сетевое подключение
- belastungsdiagramm	диаграмма нагрузки цепи
- fehler	ошибка в сети
- frequenz	частота сети
netzgeführter Stromrichter	сетевой преобразователь тока
Netz'gerät	сетевой прибор, прибор с питанием тока
- gerät	прибор с питанием от сети
- plan	план кабельных узлов
- rückwirkung	обратное влияние на сеть
- schrankeinheit	шкаф сетевого распредустройства
- schrankeinheit	устройство сетевого шкафа
- schütz	сетевой контактор
- sicherung	сетевое предохранение
- spannungsschwankung	колебание напряжения в сети
- speisespannung	напряжение питающей сети

Netz'transformator	сетевой трансформатор
- überwachung	контроль сети
- umschalteinrichtung	устройство включения сети
- verhältnis	условие сети
- versorgung	сетевое электроснабжение
- verteilung	распределение сети
- werk	сетевой механизм, сеть, цепь
Neu'bestückung	замена
- laden	новая загрузка
- start	перезапуск
Neutralgas	нейтральный газ
Neutralisationszahl	число нейтрализации
Neuwertmeldung	сигнализация новых велечин
Nichtkarbonathärte	некарбонатная жёсткость
nichtrostend	нержавеющий
Nickel	никель
Niederdruck	низкое давление
- absperrventil	запорный клапан низкого давления
- akkumulator	аккумулятор низкого давления
- antrieb	привод низкого давления
- bereich	диапазон низкого давления
- geber	датчик низкого давления
- pumpe	насос низкого давления
- umlaufsteuerung	циркуляционное управление низкого давления
Niederfrequenzfilter	фильтр низкой частоты
Nieder'haltefuß	прижим
- halter	прижимной ролик
- haltestange	прижимная штанга
Niederspannungs'antriebs- verteilung	низковольтное распределительное устройство
- einspeisung	кабель питания низкого напряжения
- hauptverteilung	главное распредустройство низкого напряжения
- netz	сеть низкого напряжения
- schaltanlage	распределительное устройство низкого давления
- sicherung	предохранитель низкого напряжения
- verteilung	низковольтный распределитель
niedrig	низко

Niet	заклёпка
Nilos - Ring	уплотнительное кольцо NILOS
Nippel	ниппель
nitrieren	азотировать
Nitrieren	азотирование
Niveau	уровень
- abbau	снижение уровня
- geber	датчик уровня
- melder	сигнализатор уровня
- meßgerät	измерительный прибор уровня
- messung	измерение уровня
- schalter	выключатель уровня
- schnitt	горизонтальный разрез
- steuerung	управление уровнем
- wächter	реле контроля уровня
Nivelliergerät	нивелир
Nocke	кулачок, кулак
Nockenrolle	кулачковый ролик
Nordlinie	северная линия
normal	нормально
Normal'betrieb	нормальный режим
- eingriffswinkel	нормальный угол зацепления
Normalisierungstemperaturmodul	модуль нормализации температуры
Normal'modul	нормальный модуль
- niveau	нормальный уровень
- position	нормальная позиция
- stellung	нормальное положение
- winkel	действительный угол
Normteil	стандартизованная деталь
Not - Auf	аварийное открытие
Not - Aus	аварийный выключатель
Not - Aus - Taster	аварийный кнопочный выключатель
Not - Ein	аварийное включение
Not - Halt	аварийный останов
Not - Stop	аварийная остановка
Not'abschaltung	аварийное выключение
- ausbereich	участок аварийного отключения
- ausgang	запасной выход
- betrieb	аварийный режим
- endschalter	аварийный конечный выключатель

Not'gebläse	аварийный вентилятор
- handbetätigung	аварийное ручное отключение
- handbetrieb	аварийный ручной режим
- schnitt	аварийная резка
- situation	аварийный случай
- strom	ток от резервного агрегата
- system	система аварийного питания
- vorstoß	аварийный упор
Null	ноль
- fördermenge	нулевое нагнетающее количество
- linienautomatik	автоматическое поддержание нулевой линии
- punktdämpfung	глушение нулевой точки
nullspannungssicher	защищено от нулевого напряжения
nullstellen	поставить на ноль
Nullstellung	нулевое положение
Nullung	зануление
Nummer	номер
Nut	канавка, паз, шлиц, желобок
nuten	выбирать пазы, желобить, шлицевать, шпунтовать
Nutenzahl	число пазов
Nut'grund	дно канавки
- mutter	шлицевая гайка
- ring	уплотнительное кольцо
Nut und Feder	шпунт
Nutz'hub	полезный ход
- last	полезный груз
- volumen	полезный объём

o.k.	верхняя кромка
O - Linie	линия O
O - Ring	кольцо круглого сечения
oben	вверху
Oben	верх
Oberfläche	поверхность
Oberflächenbehandlung	обработка поверхности
oberflächengehärtet	поверхность закалена
Oberflächen'härte	поверхностная твёрдость
- kernfehlerprüfanlage	установка контроля поверхностных и внутренних дефектов
- prüfanlage	установка для контроля поверхности
- prüfung	контроль поверхности
Ober'holm	верхняя поперечина
- kante	верхняя кромка
Obermesser	верхний нож
- anstellung	установка верхнего ножа
- balken	траверса верхнего ножа
- hebel	рычаг верхнего ножа
- leiste	распорная планка под верхним ножом
- satz	набор верхних ножей
- schlitten	верхний суппорт
- schlittenbohrung	отверстие под верхний суппорт
- traverse	траверса верхнего ножа
- verstellung	устройство для перемещения верхнего ножа
Ober'motor	верхний двигатель
- punkt	высокая точка
- rolle	верхний ролик
Obersattel	верхний боёк
- drehvorrichtung	устройство для поворота верхнего бойка
- halterung	элемент для крепления верхнего бойка
- klemmvorrichtung	зажимное устройство верхнего бойка
Ober'schlitten	верхняя каретка
- schwingungsbelastung	нагрузка гармоник
- schwingungsstrom	ток высших гармоник
- spannung	высшее напряжение
- teil	верхняя часть
- wagen	тележка поперечного перемещения
- walze	верхний валок

Ober'weite	горманическая составляющая
- welle	высшая гармоника
- wellengehalt	коэффициент гармоник
Objekt	объект
öffnen	открыть
Öffner	размыкающий контакт
Öffnerkontakt	размыкающий контакт
Öffnung	отверстие
Öffnung (Wand)	проём
Öffnungs'blende	операturная диафрагма
- druck	давление открытия
- mechanismus	механизм открывания
- ventil	клапан открытия
- weite	ширина раскрытия
Öl	масло
- abfluß	слив масла
- abflußstutzen	масленный сточный штуцер
- ablaß	слив отработанного масла
- ablaßbehälter	бак для слива отработанного масла
- ablaßhahn	сливной кран
- ablauf	слив масла
- abscheideanlage	маслоотделительная установка
- abscheider	отделитель масла
- abscheidungsanlage	установка отделения масла
- abstreifer	скребок масла
- anlage	станция масла
- ansaugleitung	провод для всасывания масла
- auffangbehälter	улавливающий резервуар для масла
- auge	маслоуказатель
- austrittsöffnung	выходное отверстие масла
Ölbad - Tankbelüftungsfilter	воздушный фильтр маслянного бака
Ölbadschmierung	смазка погружением
Öl'bedarf	расход масла
- befülleitung	трубопровод наполнения масла
- befüllstation	станция для наполнения жидкой смазкой
- behälter	масляный бак
- beständigkeit	маслостойкость
- bohrung	смазочная канавка
öldicht	маслонепроницаемый
Öldruck	давление масла

öldruck'armatur	арматура масленого давления
- fluß	расход масла
- mangel	недостаток давления масла
- manometer	манометр давления масла
- regelventil	клапан для регулирования давления масла
- signalisator	сигнализатор давления масла
- überwachung	контроль давления масла
öldurchfluß	проток масла
öleintrittsöffnung	входное отверстие масла
ölen	смазать маслом
ölentleerungsleitung	сливной трубопровод
öler	маслёнка
öl'erhitzer	маслонагреватель
- erwärmung	маслонагрев
- fanghaube	маслосборник
- faß	резервуар для масла
ölfest	маслостойкий
ölgehalt	содержание масла
ölgetränkt	пропитанный маслом
öl'heizung	масляное отопление
- heizwiderständeschutz	защита нагревателя масла
- hydraulikanlage	маслогидравлическая установка
ölhydraulisch	маслогидравлический
öl'kännchen	ручная маслёнка
- kanal	масляной канал
- kanne	ручная маслёнка
- keller	маслоподвал
- kontrolle	контроль масла
- kreis	циркуляция масла
- kühler	маслоохладитель
- kühlungsventilator	вентилятор охлаждения масла
- leitung	маслопровод
- luftschmierung	смазка маслосодержащим воздухом
- menge	количество масла
- meßstab	стежневой указатель уровня масла
- niveau	уровень масла
- proben	образцы масла
- pumpe	масляной насос
- pumpenmotor	двигатель масляного насоса

Öl'pumpenmotorschutz		защита двигателя масляного насоса
- qualität		качество масла
- reinheit		класс чистоты масла
- reinigungsanlage		установка для очистки масла
- rücklauf		возврат масла
- rücklaufleitung		возвратный маслопровод
- sammelbehälter		маслосборник
- schleuderring		маслоотражатель
Ölschmier'anlage		система жидкой смазки
- armatur		маслосмазочная арматура
- leitung		трубопровод жидкой смазки
- plan		схема смазки
- pumpe		насос жидкой смазки
- ring		маслосмазочное кольцо
- station		станция жидкой смазки
Öl'schmierung		смазка (маслом)
- schutzhaube		маслозащитный контакт
- separator		сепаратор масла
- skimmer		масоотделитель
- skimmerleistung		производительность отделения
- sorte		марка масла
- spiegel		уровень масла
- spritze		масляный шприц
Ölstand		уровень масла
Ölstands'auge		масломерное стекло
- fenster		масломерное стекло
- kontrolle		контроль уровня масла
- überwachung		контроль уровня масла
Öl'tank		бак для масла
- tauchschmierung		смазка погружением
- temperatur		температура масла
- transformator		масляный трансформатор
- umlaufschmieranlage		циркуляционная установка жидкой смазки
- umlaufschmierung (System)		циркуляционная система жидкой смазки
- umlaufschmierung (Vorgang)		циркуляционная смазка маслом
- verbrauch		расход масла
- vernebler		маслораспылитель
- versorgung		снабжение маслом
- versorgungsanlage		установка снабжения маслом
- verteiler		маслораспределитель

Öl'viskosität	вязкость масла
- vorlagebehälter	маслосборник
- vorlauf	подача масла
- vorlauftemperatur	температура масла в подающем трубопроводе
- vorwärmer	подогреватель масла
- wanne	масляная ванна
- wechsel	замена масла
- wechselanlage	установка для замены масла
- wechselendschalter	конечный выключатель замены масла
- wirtschaft	маслохозяйство
- zulauf	подача масла
- zulaufleitung	трубопровод подачи масла
örtlich	местный
Öse	проушина, петля, ушко
Ofen'aggregat	печной агрегат
- athmosphäre	атмосфера печи
- beschickungsmaschine	машина загрузки печи
- kante	край печи
- mechanik	механический узел печи
- optimierungsrechner	вычислительная машина для оптимизации теплового режима в печи
- raumvolumen	объём рабочей камеры
- rechner	вычислительная машина для печи
- rückstellung	поворотное включение печи
- schnellabschluß	система аварийного выключения печи
- sicherheitsventil	защитный клапан для печи
- sohle	под печи
- zufuhr	подача в печь
- zyklus	цикл печи
Off - Line - Betrieb	режим ОФ-ЛАЙН
offen	открытый
Offenstellung	открытое положение
ohne	без
Operations'baustein	операционный модуль
- verstärker	операционный усилитель
- zeit	время выполнения операции
Optimierungssystem	система оптимизации
Option	по выбору
optoelektronisch	оптоэлектронный

Opto'koppler		электронный оперон
- koppler		оптический соединитель
Ordnungszahl		порядковое число
Organisation		организация
Organisationsprogramm		организационная программа
ortsfest		стационарно
Oscillar		прибор осциллар
Oszillator		осциллятор
- übertrager		осцилляторный передатчик
Oszillograph		осциллограф
Oszillomink		прибор осцилломинк
Oszilloskop		осциллоскоп
Ovalradzähler		расходомер с овальным колесом
Oxid - Analyse		анализ кислорода
Oxidasche		окисная зола

paarig	попарно
paarweise	попарно
Packhahn	промежуточный кран
Packung	тара, упаковка, набивка, уплотнение
Packungswechsel	смена набивки
Paket	пакет
- länge	длина пакета
- sammeltasche	пакет-сборник
Palette	поддон
Paneel	панель
- einbauleuchten	лампа, встроенная в панель
Panzerpumpe	насос бронированного типа
Papier'breite	ширина бумаги
- format	формат бумаги
- geschwindigkeit	скорость подачи бумаги
- rolle	рулон бумаги
Pappscheibe	картонная шайба
parallel	параллельно
Parallel'betrieb	параллельный режим
- gestänge	система параллельных рычагов
- hub	параллельный ход
- kompensationskondensator	параллельный компенсационный конденсатор
- kompensationskompensator	параллельный комплексирующий компенсатор
- lenker	параллельный рычаг
- monitor	параллельный монитор
- schraubstock	тиски параллельного исполнения
- verschiebung	параллельное смещение
Parity - Datensicherung	защита данных по паритету
Partikel	партикель
Paß'blech	установочный лист
- blech (Beilage)	прокладка
- bolzen	призорный болт
passend	применимый
Paß'feder	призматическая шпонка
- federnut	паз для призматической шпонки
- fläche	пригоночная поверхность
- leiste	скользящая шпонка
- maß	посадочный размер

Paß'platte	пригоночная плита
- ring	установочное кольцо
- scheibe	установочная шайба
- schraube	призонный болт
- schraubenbolzen	призонный палец с резьбой
- stiftbohrung	отверстие для установочного штифта
- stück	пригоночная деталь
Passung	посадка
Paßzugabe	припуск на посадку
Paste	паста
Pause	перерыв
Pausenzeit	время перерыва
Pendel'druckstück	самоустанавливающаяся призма
- kugellager	самоустанавливающийся роликоподшипник
- rollenlager	самоустанавливающийся роликоподшипник
- schere	маятниковые ножницы
- stütze	качательная опора
- stützenreihe	ряд качательных опор
- zähler	счётчик с часовым механизмом
Periflexkupplung	трообразная муфта
Peripherie'baugruppe	периферийный узел
- gerät	периферийный прибор
perlitischer Sphäroguß	перлитовый чугун с шаровидным графитом
Permeabilitätsschwankung	колебание проницаемости
Personalbedienung	действие персонала
Pfanne	подпятник
Pfeil	стелка
- bogen	стрелка
Phase	фаза
Phasenausfall	исчезновение фаз
phasengleich	совподающий по фазе
Phasen'lage	фазное положение
- meßeinrichtung	измерительное устройство фазовых углов
phasenrichtig	правильно по фазе
Phasen'spannung	фазовое напряжение
- verschiebung	смещение фаз
Phosphatierung	фосфатизация
Phosphorbronze	фосфористая бронза
Pilot'brenner	пилотная горелка
- gassystem	система пилотного газа

Pilotluftmagnetventil	управляющий воздушный магнитный клапан
Pilz'druckknopf	грибовидная нажимная кнопка
- drucktaste	грибовидный кнопочный выключатель
Pinsel	кисть
Pinzette	пинцета
Plan	схема
Planetengetriebe	планетарная передача
Planfläche	торец
Plan'plattenmikrometer	микрометр на основе плоскопараллельных плит
- schlagprüfgerät	устройство для выявления искривления плоскости
- schleifung	плоское шлифование
- schlitten	поперечная каретка
Planseite	пригоночная сторона
Planseite	сглаженная сторона
Plantaschen	карманы для документации
Planungseinheit	плановая единица
Planverzahnung	плоское зацепление
plasmageschnitten	плазменная резка
Plastikhammer	пластмассовый молоток
Platine	плата
Platte	плита
Platten'band	пластичный конвейер
- belag (Rollgang)	межроликовая плита
- belag (Boden)	плитный настил
- demontage	демонтаж плиты
- feder	пластинчатая пружина
- hebewagen	тележка для подъёма плит
- kette	пластинчатая цепь
- kugelhahn	шаровой кран на плите
- sitz	гнездо под пластинку
- speicher	устройство памяти на дисках
- speichereinheit	запоминающее устройство на дисках
- verankerung	закрепление плиты
- wagen	тележка для плит
Platz	место
- bedarf	занимаемая площадь
- reserve	резерв площади, места
Plausibilitätskontrolle	контроль на достоверность данных

Plexiglas	анализ кислорода
Plunger	плунжер
- kopf	головка плунжера
- traverse	траверса плунжера
- zylinder	плунжерный цилиндр
Pneumatik	пневматика
- anschluß	подключение пневматики
- ausrüstung	пневматическое оборудование
- leitung	пневматический трубопровод
- schaltplan	схема управления пневматикой
- schema	пневматическая схема
- schrank	шкаф для пневматического оборудования
- steuerschema	схема пневмоуправления
- steuerung	пневматическое управление
- ventil	пневматический клапан
- zylinder	пневматический цилиндр
pneumatisch	пневматический
Podest	площадка
Podeste zur Wartung	площадка для техобслуживания
Polarität	полярность
Polaritätssignal	сигнал полярности
Poliereinrichtung (Säge)	устройство для полировки дисков
polieren	полировать
polig	с полюсами
Polspile	полюсная катушка
Polumschalter	переключатель полярности
Polumschaltung	переключение полюсов
Polung	полярность
Polyäthylen	полиэтилен
Porosität	пористость
Porzellan	фарфор
- fassung	фарфоровый патрон
Position	позиция
positionieren	позиционировать
Positionieren	позиционирование
Positionier'genauigkeit	точность установки
- hebel	рычаг для позиционирования
- rollgang	позиционирующий рольганг
- stift	фиксатор
Positionierung	позиционирование

Positioniervorrichtung	устройство для позиционирования
Positions'geber	позиционный датчик
- merker	маркер позиции
- rollgang	рольганг для позиционирования
- schalter	позиционный выключатель
- steuerung	позиционное управление
- taktgeber	тактовый датчик позиции
positiv	полежительный
potential'frei	безпотенциальный
- getrennt	с разделённым потенциалом
Potentialschiene	шина потенциала
Potentialtrennung	разделение потенциала
Potentiometer	потенциометер
Poti - Prüfstrom	потенциометер испытательного тока
Präge'einrichtung	штамповочное устройство
- kraft	усилие штамповки
Prägen	штамповка
Präger	устройство тиснения
Präge'werk	печатающее устройство
- zange	перфаратор для надписей на клейной ленте
Präzisierung	уточнение
Präzisions - Reihengrenztaster	прецизионный кнопочный выключатель с последовательной частью
Präzisionswiderstandskasten	блок эталонных сопротивлений
Pratzenkran	пратценкран
Prell'bock	упор
- platte	буферная плита
Pressductor	прессдуктор
Presse	пресс
Pressen'gestell	станина пресса
- keller	подвал пресса
- rahmen	рама пресса
Preßluft	сжатый воздух
- anschluß	подключение сжатого воздуха
- filter	фильтр сжатого воздуха
- schlauch	шланги для сжатого воздуха
Pressostat	прессостат
Preß'plunger	плунжер пресса
- wasser	напроная вода

Preß'wasserentzunderung	удаление окалины напорной водой
- zylinder	рабочий цилиндр
primär	первичный
Primär'spannung	первичное напряжение
- wicklung	первичная обмотка
Print - Thyristorsteuerung	электроника тиристорного управления
Prinzipschaltplan	принципиальная схема
Prioritätszustand	состояние приоритетности
Prisma	призма
Prismen'form	призматическая форма
- vorsatz	призматическая насадка
Probe	проба
- druck	испытательное давление
- entnahmevorrichtung	устройство отбора проб
Proben'band	транспортёр проб
- größe	количество образцов
- labor	лаборатория анализа и испытания проб
- schnitt	пробная резка
- schnittlängenbereich	продольный участок пробной резки
- stempel	клеймо пробы
- vorstoß	пробный упор
Probe'scheibe	пробная шайба
- schnitt	пробная резка
- zeit	пробное время
Produkt	продукт
Produktions'anteil	удельный вес производства
- fluß	производственный поток
Produktvorwahl	предварительный выбор продукции
Profil	профиль
- abmessung	профилеразмер
- abschmierung	смазка профиля
profiliert	с профилем
Profil'messer	профильный нож
- ring	фасонное кольцо
- rolle	профилированный ролик
- verschiebungsfaktor	коэффициент смещения профиля
- walzwerk	сортопрокатный стан
Programm	программа
- anwahl	выбор программы
- baustein	программный модуль

Programmier'einheit	устройство программирования
- einschub	сменный модуль программирования
- gerät	прибор программирования
- sprache	язык программирования
Programm'protokoll	распечатка программы
- segment	сегмент программы
- speicher	программная память
- speicherung	накопление программы
- test	проверка программы
Progressivverteiler	распределитель масла
projektieren	проектирование
Projektierungsgrenze	граница проектирования
Proportional - Druckventil	пропорциональный напорный клапан
Proportionalventil	клапан пропорционального действия
Protokollieren	вести протокол
Protokollierung	составление протокола
Protokollschrank	шкаф для программных протоколов
prozentig	процентный
Prozeß	процесс
- abbild	отображение процесса
- einheit	процессорная еденица
prozeßgebunden	технологический
Prozeß'leiterterminal	терминал управления процессом
- leittastatur	клавиатура управления процессом
- leitterminal	терминал управления процессом
- peripherie	периферия процесса
- rechner	вычислительная машина управления процессом
- rechner	вычислительная машина
Prüf'adapter	контрольный адаптер
- anlage	установка контроля
- anschluß	испытательные штуцеры
- aparatur	испытательная аппаратура
- buchsen	контрольные буксы
- druck	испытательное давление
- einrichtung	испытательное устройство
Prüfen	контроль
Prüf'freigabe	деблокировка испытания
- gas	контрольный газ
- gerät	прибор контроля

Prüf'gutmelder		сигнализатор испытательных образцов
- kabel		измерительный кабель
- kanal		измерительный канал
- kopf		контрольная головка
- kopfkompensation		компенсационный прибор контрольной головки
Prüfling		испытуемый образец
Prüfnorm		испытательная норма
prüfnormal		эталон
Prüf'pyrometer		пирометр испытания
- rohr		контрольная труба
- rollgang		контрольный рольганг
- rollgangauslauf		выход контрольного рольганга
- schnur		испытательный щуп
- sockel		испытательный цоколь
- sonde		контрольный зонд
- spitze		зажимный наконечник
- stand		испытательный стенд
- stift		контрольный штифт
- strecke		участок испытания
Prüfstrom		испытательный ток
- anzeige		индикатор испытательного тока
- bereich		диапазон испытательного тока
- einstellbereich		диапазон установки испытательного тока
- quelle		источник испытательного тока
Prüf'summer		контрольный зуммер
- tisch		лабораторный стол
- überdruck		испытательное избыточное давление
Prüfung		контроль
Prüf'vorrichtung		устройство испытания
- vorschrift		предписание испытания
- wanne		рабочая плата испытательного прибора
Puffer (Dämpfung)		амортизатор
Puffer		буфер
Puffer'bohle		буферный брус
- feder		буферная пружина
- konsole		кронштейн буфера
- kopf		головка буфера
Puffern		буферы
Pufferscheibe		буферная шайба

Pufferstütze	опора буфера
Pufferung	амортизация
Pufferuntersatz	опора буфера
PUK - Unterteil	нижняя часть камеры для порошка
Pullynabe	канвка Пули
Pulsdauer - Frequenz - Periodendauermessung	непрерывное измерение длительности импульсов, частоты
Pulsumrichter	импульсный преобразователь частоты
Pult	пульт
Pultplatte	плита пульта
Pulver	порошок
- kammer	камера порошка
- metallurgie	порошковая промышленность
- muldenwagen	тележка с карманами для порошка
- niveausonde	зонд уровня порошка
- schieber	задвижка для порошка
- sprühen	распыление порошка
- trichter	воронка для порошка
- zufuhr	подача порошка
Pumpe	насос
Pumpen'aggregat	насосный агрегат
- anschluß	ввод для насоса
- antrieb	привод насоса
- betrieb	работа насоса
- druckleitung	нагнетательная линия насоса
- einheit	узел насоса
- grundplatte	опорная плита насоса
- gruppe	группа насосов
- innenteil	внутренняя часть насоса
- keller	подвал насоса
- leistung	производительность насоса
- rahmen	рама насоса
- sammelleitung	общая линия насосов
- satz	комплект насосов
- seite	сторона насоса
- station	насосная станция
- sumpf	зумпф насоса
- sumpfwasser	вода зумпфа насоса
- umlaufsteuerung	управление циркуляцией насоса
- umschaltblock	блок переключения насоса

Pumpstation	насосная станция
Punkt	пункт
punktschweißen	точечная сварка
Putzanlage	установка зачистки
Putzen	зачистка
Putzerei	участок зачистки
PVC	поливинилхлорид (ПВХ)
PVC - Fliesen	поливнилхлоридные плитки
Pyrometer	пирометр

Quadrat	квадрат
- knüppel	квадратная заготовка
- stab	квадратный пруток
- walzung	прокатка квадратных заготовок
Qualität	качество
Qualitätsschlüssel	код качества
quecksilberbenetzt	покрыть ртутью
Quelle	источник
Quellsprache	исходный язык
Querachse	поперечная ось
querfahrbar	поперечно
Quer'fahrwagen	тележка для поперечного перемещения
- fahrwerk	механизм поперечного перемещения
- haupt	поперечина
- haupt	верхняя траверса
- holm	траверса
- keil	поперечный клин
querpoliert	поперечное полирование
Quer'position	поперечная позиция
- riegel	поперечный ригель
- schlepper	поперечный шлеппер
- schnitt	поперечное сечение
- steuerkopf	поперечная управляющая головка
- stromlüfter	вентилятор
- tasse	поперечный бак
- träger	поперечная опорная балка
- transport	поперечная транспортировка
- transport (Querverfahren)	поперечное перемещение
- transportwagen	тележка поперечного перемещения
- traverse	поперечина
querverfahrbar	поперечно передвигаемый
Querverfahrbarkeit	возможность поперечного перемещения
querverfahren	поперечно перемещать
Quer'verfahrwagen	тележка поперечного перемещения
- vorschub	поперечная подача
- wagen	тележка поперечного перемещения
- wagenrollgang	рольганг-тележка поперечного перемещения
Quetschklemme	круглогубцы
Quittieren	квитирование

Quittier'impuls	импульс квитирования
- merker	маркер квитирования
Quittierung	квитирование
Quittung	квитанция
Quittungsverzug	задержка квитирования

Rad	колесо
- achse	ось колеса
- druck	давление на колесо
- gehäuse	корпус колеса
Radial'anstellgetriebe	радиальный установочный редуктор
- anstellspindel	радиальный установочный шпиндель
- anstellung	радиальная установка
- dichtring	радиальное уплотняющее кольцо
- gebläse	радиальный вентилятор
- gelenklager	радиальный шарнирный подшипник
- kolbenpumpe	радиально-поршневой насос
- lager	радиальный подшипник
- luft	радиальный зазор
- rillenkugellager	радиальный шарикоподшипник
- ventilator	радиальный вентилятор
- wellendichtring	радиальное кольцо для уплотнения вала
- wellendichtung	радиальное уплотнение вала
- zylinderrollenlager	радиальный роликоподшипник с цилиндрическими роликами
Radius	радиус
Radizieren	извлечение квадратного корня
Rad'kasten	коробка колеса
- körper	тело колеса
- lagerung (Stütze)	опора для колеса
- lagerung (Lager)	подшипник колеса
- last	нагрузка на колесо
- satz	колёсная пара, колёсный скат, комплет шестерён
- stand	расстояние между осями колёс
Räder'kasten	редуктор
- paar	колёсная пара
Rändel	накатка
Rahmen	рама
- aufsatz	надставка к раме
- breite	ширина рамы
- oberteil	верхняя часть рамы
- unterteil	нижняя часть рамы
- verdrahtung	коммутация приводов на распределительном устройстве
- wasserwaage	рамный уровень

Rampe	наклонный въезд, рампа, загрузочная площадка
Randleiste	обрамление
Randleisten'disposition	расположение обрамлений
- plan	план обрамлений
Randwinkel	краевой угол
rangieren	кроссирвка
Rangier'platine	плата кроссировки
- position	позиция кроссировки
Rangierung	сортировать
Rangier'verteiler	кроссовый распределитель
- verteilerschrank	маневровый распределительный шкаф
Rastelement	растовый элемент
Raster	растр, сетка, кадр
Rast'schalter	переключатель с фиксатором
- stellung	позиция фиксации
- taste	фиксирующий кнопочный выключатель
Ratschen'system	система шагающих балок
- wagen	храповая тележка
Rauch'abzugventilator	дымосос
- ausscheidung	дымовыделение
Rauchgas	дымовой газ
- abzug (Vorgang)	отвод дымового газа
- abzug (Kamin)	вытяжная труба для дымовых газов
- haube	вытяжной зонт для дымовых газов
- kanal	канал для отвода дымовых газов
- kanal	дымоход
- klappe	заслонка для дымовых газов
- system	дымовая система
- temperaturmessung	измерение температур дымовых газов
- - ventilator	вентилятор дымовых газов
Rauchzug	дымосос
- kanal	дымовой боров
rauhgespritzt	окраска распылением для получения шероховатой поверхности
Rauhtiefe	шероховатость
Raum	пространство, объём, помещение, зал, комната, камера, отсек
- bedarf	необходимое место
- gewicht	объёмный вес

Raum'inhalt	объём, кубатора, вместимость
- klimagerät	комнатный кондиционер
Raupe	валик, гусеница
Rebar - Walzung	прокатка Rebar
Rechen	рейка
- halter	держатель рейки
- kühlfläche	охлаждающая поверхность рейки
- rost	реечная решётка
- schema	расчётная схема
- zentrum	вычислительный центр
Rechner	электронно вычислительная машина
- ausfall	выход из строя вычислительной машины
- eingabe	ввод в вычислительную машину
- hardware	техобеспечение вычислительной машины
rechnerisch	расчётно
Rechner'kopplung	межмашинная связь
- kopplung (Vorrichtung)	устройство межмашинной связи
- raum	машинный зал
- raum	помещение вычислительной машины
- störung	неисправность электронно вычислительной машины
- technik	вычислительная техника
- zentrum	вычислительный центр
- zustand	состояние вычислительной машины
Rechteckbandkerne	прямоугольный сердечник
rechts steigend	с правым подъёмом
Rechts'anschlag	крайнее правое положение
- ausführung	правое исполнение
- drehung	правое вращение
rechtsgängig (Gewinde)	правая резьба
Rechtslauf	правое вращение
Rechtwinkeligkeit	прямоугольность, отрогональность
Reduktion	восстановление, сокращение, приведение, редуцирование, редукция
reduzieren	сокращать, приводить, редуцировать, уменьшать, понижать
Reduzier'nippel	переходный ниппель
- stück	переходная деталь
- stutzen	переходный патрубок
Reduzierung	уменьшение

reell	реально
Reflektor	рефлектор, отражатель
Reflexionslichtschranke	рефлекторный сетевой барьер
Regal	полка, стеллаж
- förderfahrzeug	высотный штабелер
- förderzeug	высотный штабелер
- förderzug	штабелер
Regel'einheit	блок управления и регулирования
- einsatz	регулирующий патрон
- genauigkeit	точность регулирования
- kreis	цепь регулирования, контур регулирования
regeln	регулировать, управлять
Regel'strecke	регулируемый объект
- stufe	ступень регулирования
- system	система регулирования
- teil	блок регулирования
- temperaturaufzeichnung	запись регулируемой температуры
- trieb	бесступенчато регулируемый привод
Regelung	регулирование, управление
Regelungssysteme	система регулирования
Regelventil	регулирующий клапан
- warte	регулирующий стенд
Regeneratiosanlage	регенерационная установка
Regenwasserkanalisation	система линевой канализации
Register	регистр, реестр
Regler	регулятор
- baustein	регулировочный модуль
- freigabe	деблокировка регулирования
- hilfsbetrieb	питание системы управления и регулирования от напряжения
- schieber	регулирующий золотник
- schrank	шкаф управления
- stromversorgung	электропитание регулятора
- stufe	ступень регулятора
- ventil	клапан регулятора
Regulierventil	регулирующий клапан
Reiberhahn	конический запорный кран
Reibungsfeder	фрикционная пружина
Reibwert	коэффициент трения

Reihe	ряд
Reihen'grenztaster	кнопочный выключатель с последовательной связью
- klemme	присоединительные зажимы
- schwingkreis	последовательные колебательные контуры
Reinigungs'benzin	бензин для очистки
- diskette	дискет для очистки головок
- mittel	детергрены
- öffnung	люк для очистки
Reinöltank	бак чистого масла
Reinstickstoff	чистый азот
Reiß'leine	тросик
- leinenschalter	тросовый выключатель
- schere	разрывные ножницы
Reiterklemmen	зажимы упора
Reitstock	задняя бабка
Rekuperator	рекуператор
Relais	реле
- ausgabe	релейный вывод
- ausgabestufe	ступень вывода реле
- baugruppe	конструкционный узел реле
- baustein	релейный блок
- fassung	реле-патрон
- schrank	релейный шкаф
- schutz	релейная защита
- sockel	релейный цоколь
- spule	катушка для реле
- stromversorgung	электроснабжение реле
Reparatur	ремонт
- bereich	ремонтный участок
- bühne	ремонтная площадка
- kran	ремонтный кран
- vorschlag	предложение по ремонту
reparieren	ремонтировать
Reserve	резерв, запас
Reserve'anker	резервный якорь
- armaturen	резервная арматура
- armaturenrahmen	запасная рама арматуры
- baustück	резервная подушка
- einschaltung	резервное включение

Reserve'fläche	запасное место
- hub	запасной ход
- leitung	резервная линия
- platz	запасное место
- pumpe	резервный насос
- schneidbacken	резервные гребёнки
- spannung	резервное напряжение
- teil	запасная часть
- ventil	резервный вентиль
- ventilator	резервный вентилятор
- zeitglied	резервное звено времени
Resonanzfrequenz	резонансная частота
Rest'druck	остаточный напор
- enden	отрезки
- endenabschieber	сталкиватель отрезков
- hub	остаточный ход
- magnetismus	остаточный магнетизм
- unwucht	остаточный дисбаланс, остаточный дебаланс
- welligkeit	остаточная волнистость
resultieren	вытекает, следует
reversieren	реверсирование
Reversier'betrieb	реверсивный режим работы
- gerüst	реверсивная клеть
- punkt	точка реверса
- schaltung	схема для реверсирования
- schaltung	реверсивная схема
- steuerung	реверсивное управление
Reversierung	реверсирование
Richt- u. Montagebock	наковальня для рихтовки зубьев
Richt'amboß	ориентировочный анализ
- analyse	правильная установка
- anlage	правильно-монтажная стойка
richten	править, выправлять, направлять
Richten	правка, выправление, направление
Richtfläche	поверхность правки
Richt'durchmesser	диаметр правильного материала
- geschwindigkeit	скорость правильного материала
- gut	правильный материал
Richthammer	рихтующий молоток

richtig	правильно
Richt'kante	рихтующая кромка
- kopf	подвижная головка
- lage	положение правки
- lineal	рихтующая линейка
- linie	указание
- maschine	правильная машина, правильный станок
- maschinenseite	со стороны правильной машины
- maschinenständer	станина правильной машины
- platzeinrichtung	устройство для рихтовки
- presse	правильный пресс
- programm	программа правки
- rollendrehzahl	скорость вращения правильного ролика
- rollendurchmesser	диаметр правильного ролика
- schrott	правильный скрап
- stelle	место правки
Richtung	направление
Richt'walze	правильный ролик
- winkel	угол установки
riefenfrei	без следов обработки
Riegel (Raste)	фиксатор
Riegel (Sicherungselement)	фиксирующая деталь
Riegel	фиксатор, стопор, задвижка, ригель
- bock	ригельная стойка
- bolzen	фиксатор, стопор, задвижка
- führung	направляющая для фиксатора
Riemenscheibe	ремённый шкив
Riffelblech	рифленный лист
Rille	канавка, желобок, паз
rillenförmig	желозчатый
Rillen'kugellager	радиальный шарикоподшипник
- tiefe	глубина канавки
Ring	кольцо
Ringbandkerne	кольцевые сердечники
Ringfläche	кольцевая поверхность
ringförmig	кольцеобразный
Ring'kabelschuh	кольцевой кабельный наконечник
- kammernormblende	диафрагма с кольцевой камерой
- leitung	кольцевая линия
- nut	кольцевая канавка

Ring'paket	пакет колец
- schlagschlüssel	замкнутый ударный ключ
- schlitz	кольцевой зазор, кольцевая щель
- schlüssel	гаечный ключ с кольцевым зевом
- schmiedeobersattel	верхний боёк для ковки колец
- schmiedewerkzeug	инструменты для ковки колец
- schmierung	кольцевая смазка
- schraube	рым-болт
- trenner	кольцевой разъединитель
- zähler	кольцевой счётчик
Rinne	жёлоб
Rinnen'boden	пол жёлоба
- spülung	промывка жёлоба
Rippe	ребро, нервюра, рубчик
Rippenstützer	ребристая опора
Rißprüf'anlage	дефектоскопная установка
- pulver	порошок для дефектоскопии
Ritzel	меньшее зубчатое колесо, малая шестерня
- welle	вал шестерни
Roboter	робот
Röhrenrund	трубная заготовка
Rohmaß	размер заготовки
Rohr	труба
- abmessung	размер трубы
- abschlüsse	трубозапор
- abschneider	приспособление для резки труб
- anker	трубный анкер
- biegevorrichtung	приспособление для гибки труб
- bogen	колено трубы
- bruch	поломка трубы
Rohrbündel	пачка труб
- konvektionsrekuperator	многотрубный конвекционный рекуператор
- rekuperator	многотрубный рекуператор
Rohr'doppelnippel	трубный двойной ниппель
- drehgelenk	повротный шарнир трубы
- durchmesser	диаметр трубы
- halter	трубный крепёж
- haltereinlage	вкладыш трубного крепежа
- hülse	гильза трубы

Rohr'innendurchmesser	внутренний диаметр трубы
- istdurchmesser	действительный диаметрр трубы
- kanal	канал для трубопроводов
- konsole	кронштейн
- krümmung	изгиб трубы
- leitung	трубопровод, волноводная линия, волновод
- leitungskennzeichnung	маркировка трубопровода
- leitungsstraße	трасса трубопровода
- niet	трубчатая заклёпка
- plan	план разводки трубопровода
- platte	трубная доска
- schacht	шахта для труб
- schelle	скоба для подвески труб, хомутик для подвески труб
- stoßmuffe	муфта стыка трубопровода
- stütze	опора трубы
- stutzen	штуцер, патрубок
- verbinder	фитинг
- verbindung	соединение труб
- verlegungsschema	схема разводки трубопроводов
- verschraubung	резьбовое трубосоединение
- zange	трубный самозатягивающийся ключ
Rohteil	заготовка
- zeichnung	чертёж заготовки
Rohwasser'behälter	бак сырой воды
- pumpe (n. gerein. Wasser)	насос для неочищенной воды
- pumpe	насос для сырой воды
Rollachse	ось качения
Rolle	ролик, валик, каток
Rollen'achse	ось ролика
- ausbau	демонтаж ролика
- außendurchmesser	наружный диаметр ролика
- backen	реборды роликов
- bahn	роликовый конвейер, роликовый транспортёр, рольганг
- bewegung	крен
- drehmoment	вращающий момент ролика
- durchmesser	диаметр ролика
- elektrode	роликовый электрод

Rollen'hebelendschalter	роликовый рычажный конечный выключатель
- kette	роликовая цепь
- körper	корпус ролика
- kupplung	роликовая муфта
- länge	длина ролика
- lagerung	подшипники роликов
- mantel	кожух ролика
- nummer	номер ролика
- oberkante	верхняя кромка ролика
- öffnung	отверстие ролика
- paar	роликовая пара
- rahmen	рама ролика
- richtmaschine	роликовая правильная машина
- schwinge	роликовый рычажный толкатель
- seite	со стороны ролика
- stößel	роликовый толкатель
- untersatz	подставка ролика
- welle	вал ролика
- werkstoff	материал ролика
- winkel	угол ролика
- winkelanstellung	механизм установки угла ролика
Rollgang	рольганг
Rollgangs'bereich	участок рольганга
- getriebe	редуктор рольганга
- gruppe	группа рольганга
- leiste	рейка рольганга
- motor	двигатель рольганга
- platte	межроликовая плита
- position	позиция рольганга
- rahmen	рама рольганга
- rahmenteilstück	секция рамы рольганга
- rolle	ролик рольганга
- teilstück	секция рольганга
- unterverteilung	вторичное распредустройство рольганга
- verriegelung	блокировка рольганга
- waage	вес-рольганг
Rollrost	загрузочная решётка
Rost (chem. Vorgang)	ржавчина
Rost (Gitter)	решётка

Rost'abdeckung	решётчатое перекрытие
- aufsatz	насадка решётки
rostfrei	без ржавчины
Rostschutz	защита от коррозии, противокоррозионная защита
Rotameter	расходометр
Rotation	вращение
Rotations - Anlaufkurbelschere	четырёхкривошипные летучие ножницы
Rotationslaufschere	ротационные ножницы
Rotex - Kupplung	муфта Rotex
rotieren	ротация
Rotierkopf	ротационная головка
Rotor	ротор
Rückansicht	вид сзади
Rückenblech	дополнительный лист
Rück'fahrt	возврат
- fallspannung	взвратное напряжение
- fallzeit	время возврата
- förderpumpe	рециркуляционный насос
- führungsbeschaltung	присоединение обратной связи
- führungspunkt	точка выпуска
- gewinnung	регенерация
- gewinnungsanlage	регенерационная установка
Rücklauf	возврат
- filter	сливной фильтр
- leitung	обратная линия
- raum	обратная камера
rücklaufseitig	на возврате
Rücklaufzange	клещи обратного хода
Rückluft'gitter	решётка рециркуляционного воздуха
- kanal	канал обратного воздуха
- thermostat	термостат обратного воздуха
Rück'meldeüberwachung	контроль обратного сигнала
- meldung (Quittierung)	квитирование
- meldung	ответный сигнал
- nahmewasser	рециркуляционная вода
- nahmewassermangel	недстаток рециркуляционной воды
- platte	задняя панель
- pumpstation	рециркулеционная станция
- schaltung	переключение на обратный режим

Rück'schaltventil	обратный вентиль
- schlagklappe	возвратный клапан, обратный клапан, обратный вентиль
- schlagventil	обратный клапан, обратный вентиль
- seite	тыловая сторона, обратная сторона, обратная сторона
- setzbedingung	условие возврата
- setzen	сброс
- speisung	рекуперация, обратное питание энергии
- stellung	исходное положение
- stromadaption	адапция прерывистого тока
rückwärts	назад
Rückwärtsrichtung	обратное направление
Rückwasser	обратная вода, циркулирующая вода
- abführung	отвод обратной воды
rückziehen	оттянуть
Rückzug	цилиндр обратного хода
- geschwindigkeit	скорость возврата
- kolben	обратный поршень
- zylinder	цилиндр обратного хода
Rüttelfestigkeit	вибропрочность/вибростойкость
Rüttler	вибратор
Ruhephase	фаза покоя
Ruhestellung	спокойное положение
Ruhestromschaltung	схема замкнутого тока
rund	круглый
Rund'ankermutter	круглая гайка фундаментального болта
- gewinde	круглая резьба
- gummi	резиновый шнур
- gummischlauch	круглый резиновый шланг
- gummischnur	круглый резиновый шнур
Rundlauf'abweichung	радиальное биение
- prüfgerät	устройство для контроля некруглости пилы
- schreiber	самопишущий прибор для регистрации вращения
Rund'material	круглый материал
- mutter	круглая гайка
- schnur	уплотнительный шнур круглого сечения
- stahl	круглая сталь

Rund'stahlbügel	скоба из круглой стали
- stange	круглый пруток
Rundum'schalter	выключатель без барьера
- verstemmen	круговая чеканка
- warnleuchte	сигнальная лампа без барьера
Rundung	округление
Rundwalzung	прокатка круглых заготовок
Rutsche	склиз, жёлоб, рештак
Rutsch'kupplung	проскальзывающая муфта
- moment	момент проскальзывания

Säge	пила
- anlage	пила
- bett	станина пилы
Sägeblatt	пильный диск
- antrieb	привод полотна пилы
- durchmesser	диаметр полотна пилы
- kühlanlage	установка охлаждения пильных полотен
- regal	стеллаж для дисков пил
- schärfmaschine	машина для заточки пильных полотен
- schleifmaschine	автомат для заточки дисков
- wechsel	замена полотна пилы
- wechselposition	позиция замены пильных полотен
- werkstatt	мастерская для пильных полотен
Säge'gewinde	упорная резьба
- linie	линия пил
sägen	пилить
Sägen'anlage	пила
- anschlag	упор пилы
- hydraulik	гидравлика пилы
- linie	линия пилы
- rechner	вычислительная машина пил горячей резки
- rollgang	рольганг пилы
- schnitt	распил
- verschiebung	перемещение пилы
- vorstoß	упор пилы
Säge'rollgang	рольганг пилы
- schlitten	суппорт фрезерно-отрезного станка
- schlitten	суппорт пилы
- schlitz	пильный надрез
- schnitt	распил
- support	суппорт пилы
- takt	такт распилки
- vorgang	распиливание
säubern	очищать
Säule	колонна
Säulen'abstand	расстояние между колоннами
- achse	ось колонны
- belastung	нагрузка колонны
- führung	направляющая колонны

Säulen'fuß		основание колонны
- kran		консольный кран
- querschnitt		поперечное сечение колонны
- reihe		ряд колонн
- schutz		защита колонны
Säurezahl		кислотность
Salz'gehalt		содержание соли
- gehaltregelung		регулирование содержание соли
- haltigkeit		содержание соли
- haltigkeitsmeßeinrichtung		датчик измерения содержания соли
Sammel'alarm		общая аварийная сигнализация
- band		сборный конвейер
- becken		сборник
- behälter		сборный резервуар
- förderer		сборный транспортёр
- kanal		боров
- liste		сводная перечень
- meldung		сборный сигнал
- mulde		сборные мульды
sammeln		собирать
Sammel'rohr		коллектор
- rost		сборная решётка
- schiene		сборная шина
- schienenspannungsregelung		регулирование напряжения сборных шин
- schienensystem		система сборных шин
- störmeldung		общая сгнализация о неисправностях
- störung		общая неисправность
Sammler		коллектор
Samson - Schmutzfänger		Samson-грязеуловитель
sandstrahlen		пескоустройная очистка, обработка струёй песка
Sandwichbauweise		многослойная конструкция
Sattdampf		насыщенный пар
Sattel'aufnahme		устройство для закрепления бойка
- breite		ширина бойка
- führung		направляющая бойка
- fuß		основание бойка
- magazin		магазин бойка
- platte		подштамповая плита
- verschiebung		перемещение бойка

Satz	комплект
- block	блок набора
- nummer	номер комплекта, номер набора
Sauerstoff	кислород
- anschluß	точка подвода кислорода
sauerstoffbrandabweisend	стойкость против воздействия кислорода и огня
Sauerstoffgerüst	панель управления арматурой для кислорода
Saug'anschluß	всасывающий штуцер
- gebläsefehler	неисправность дымососа
- hahn	всасывающий кран
- kanal	всасывающий канал
- leitung	всасывающий прубопровод
- lötkolben	паяльник с вакуумным устройством
- lüfter	вытяжной веитилятор
- raum	камера всасывания
- rohrlänge	длина всасывающей трубы
- seite	всасывающая сторона
saugseitig	со стороны всасывания
Saug'ventil	всасывающий клапан
- weg	путь всасывания
- zuggebläse	дымосос
Schablone	шаблон
Schablone (Schrift)	трафарет
Schablonenwerkstatt	мастерская для шаблонов
Schacht	шахтовой ствол, шахта
Schachtebnungstiefe	глубина коробки
Schaden	повреждение
schadhaft	повреждённый
Schadstoffe	вредные вещества
Schäkel	соединительная серьга
Schälanlage	токарно-обдирочная установка
Schälen	обдирка, снимать оболочку, лужить, окорять, шевенгировать
Schälerei	участок обдирки
Schälmaschine	обдирочный станок
Schärfmaschine	автомат для заточки зубъев
Schaftschraube	установочный винт
Schalenhalter	держатель защитного колпака

Schalenkupplung	продольно-свёртная муфта
Schall'dämmung	звукоизоляция
- dämpfer	шумоглушитель
- geber	датчик звука
- schutz	звукоизоляция
Schalt'abstand	расстояние между коммутационным элементом и коммутационной точкой
- anlage	распредустройство, распределительное устройство
- anlagenaufstellung	расположение распредустройства
- anlagenzubehör	принадлежности для распределительной установки
schaltbar	переключаемый
Schalt'bild	электрическая схема, монтажная схема, сборочная схема
- drehzahl	переключающая скорость вращения
- einheit	шкаф комплектного распределительного устройства
schalten	переключать
Schalter	выключатель
- einführungsendverschluß	кабельный оконцеватель для подключения к выключателю
- fallschleife	последовательно включённый контактный шлейф защиты от перенапряжения
- kasten	распределительный шкаф, распределительный ящик
- stellungsanzeige	индикация положения выключателя
- wechselimpuls	сменный импульс выключателя
Schalt'fahne	коммутационный флажок
- gabel	переключающая вилка
- geber	датчик распределителя
- gerät (Apparat)	коммутационный аппарат
- gerät (Schrank)	распредустройство
- gerät (Einschaltgerät)	включающий прибор
- getriebe	механизм переключения
- glied	коммутирующий элемент
- gruppe	коммутационная группа
- häufigkeit	число включений
- handlung	коммутационная операция
- haus	электропомещение

Schalt'hebel		рукоятка переключения
- kreis		схема переключения
- leiste		монтажная планка
- nocken		командный кулачок
- nockenweg		участок командного кулачка
- plan		монтажная схема, сборочная схема
- pult		пульт управления
- regler		регулятор переключения
- relais		коммутационное реле
- schema		схема включения
- schrank		шкаф распределительного устройства
- schrankaufbauplan		план расположения распредшкафа
- schrankfuß		основание распредшкафа
- spannung		переключающее напряжение
- spiele		число включений
- stein		деталь
- stück		контакт
- tafel		распределительная панель, распределительный пульт, распределительный щиток
Schaltung		схема соединений
Schalt'ventil		клапан переключения
- vermögen		коммутационная способность
- verstärker		переключающий уселитель
- verzahnung		зубчатое зацепление переключения
- vorgang		процесс переключения
- wagen		тележка распределительного устройства
- wagenanlage		распределительное устройство на тележке
- wege		коммутационные участки
- welle		вал переключения
- welle (Steuerwelle)		вал управления
- werk		коммутатор
- zelle		ячейка ввода
scharfkantig		с острой кромкой
Scharnier		шарнир
Scharnier'band		транспортёр
- hülse		шарнирная гильза
- teil		шарнирная часть
Schaufel		черпак

Schau'glas	смотровое стекло
- lochdeckel	крышка смотрового окна
Schaumstoffbeilagen	пенопластовые вставки
Schau'öffnung	смотровое окно
- zeichen	смотровой знак
Scheibe	шайба
Scheiben'bremse	дисковой тормоз
- kontakt	дисковой контакт
- kupplung	дисковая муфта
- wechsel	смена дисков
- zellengerät	прибор с дисковыми ячейками
Scheinporosität	кажущаяся пористость
Scheinwerfer	прожектор
Schelle (Rohrbefestigung)	обойма, хомутик
Schelle	хомут, скоба
Schellen'größe	размер обоймы, размер хомутика
- hälfte	половина скобы
Schema	схема
schematisch	схематический
Schenkel	шейка, цапфа, плечо, ножка, стержень
Schere	ножницы, гитара
Scheren'gehäuse	корпус ножниц
- hebel	рычаг ножниц
- messer	нож ножниц
- rahmen	рама ножниц
- regelung	регулирование ножниц
- schneidmechanismus	механизм резания ножниц
- ständer	станина ножниц
- untersatz	станина ножниц
Scher'kraft	усилие среза
- messer	нож ножниц
Schicht'bericht	отчёт за смену
- dicke (Beschichtung)	толщина покрытия
- dicke (Lage)	толщина слоя
- plan	сменный график
- verfahren	многослойное хромирование
Schieber (Ofen)	шибер
Schieber	задвижка
Schieberegister	перемещающий регистр
Schieblehre	штангенциркуль

Schiebrad	передвижное зубчатое колесо
Schiene	рельс
Schiene (Führung)	направляющая
Schiene (elektr.)	шина
Schienen'anordnung	расположение рельс
- auflage	опора для рельсов
- befestigungssatz	комплект крепежа рельсов
- brücke	рельсовый мостик
- führung	рельсовая направляющая
- fundament	фундамент рельсов
- grundrahmen	опорная рама рельсов
- kopfhöhe	высота головки рельса
- lauffläche	ходовая поверхность рельсов
- platte	плита для рельсов
- rahmen	рама рельсов
- rahmenauflagefläche	опорная поверхность рамы рельсов
- spannungsabsenkung	снижение напряжения на секции шин
- stoß	рельсовый стык
- träger	балка для рельсов
- unterbau	опорная рама рельсов
- unterlage	рельсовая подкладка
- untersatz	рельсовая подкладка
Schild	табличка
Schilderliste	список табличек
Schildsauerstoff	кислород защиты
Schirm	экран
- anschluß	экранное подключение
- bild	изображение на экране
- schiene	шина экранирования
Schlacke	шлак
Schlacken'fangrinne	желоб, улавливающий шлак
- kanal	канал для уборки окалины
- transport	транспортировка шлака
- wasser	шлаковая вода
- wasserpumpe	насос для шлаковой воды
- wolle	шлаковая вата
Schlag'ventil	клапан ударного действия
- weg (Stempelscheibe)	ход клеймовочного диска
- zahl (Stempeln)	количество ударов
- zylinder	ударный цилиндр

Schlammablaß	отвод шлама
Schlange (Heizung)	змеевик
Schlauch	шланг
- anschluß	патрубок для присоединения шланга
- bruch	перелом шланга
- einfassung	крепление шланга
- filter	рукавный фильтр
- führung	направляющая шланга
- halter	держатель шланга
- klemme	зажим для шланга
- kupplung	шланговая муфта
- länge	длина шланга
- leiter	шлангопровод
- leitung	шлангопровод
- montage	монтаж шланга
- satz	комплект шлангов
- schrank	шкаф для шлангов
- trommel	барабан для шланга
- tülle	шланговая насадка
- turm	шланговая башня
- verschraubung	резьбовое соединение шлангов
Schleichgang	замедленный ход
Schleich'geschwindigkeit	замедленная скорость хода
- schaltglieder	звенья замедленного переключения
Schleifdruckzylinder	прижимной гидроцилиндр для шлифовальных кругов
Schleife	шлейф, петля
Schleifeinheit	шлифовальный узел
schleifen	шлифовать
Schleifen	шлифование
Schleifer	ползунок, дефибрер
Schleif'kopf	шлифовальная головка
- lehre	шаблон для шлифования
- leitung	троллей
- maschine	шлифовальный станок
- maschinengruppe	группа шлифовальных станков
- motor	шлифовальный двигатель
- ringkörper	блок с контактным кольцом
- ringläufer	ротор с контактным кольцом
- ringläufermotor	двигатель с контактным кольцом

Schleif'scheibe	шлифовальный круг
- scheibenregal	стеллаж для шлифовальных кругов
- scheibenwechselvorricht	устройство для смены шлифовальных кругов
- spindel	шлифовальный шпиндель
- stück	шлифуемое изделие
- tisch	шлифовальный стол
- vorgang	переточка
Schleiß'leiste	изнашивающаяся планка
- teile	изнашивающиеся детали
Schlepper	шлеппер
- antrieb	привод шлеппера
- bahn	направляющая шлепперной тележки
- wagen	шлепперная тележка
- welle	вал шлеппера
Schlepp'haken	буксирный крюк
- kette	гибкая цепь
- platte	подвижная перекрывающая плита
- system	система перемещения шлепперов
Schleuderrad - Entzunderungsmaschine	дробеметная машина
Schleuder'ring	маслоотражатель
- werk	дробеметная турбинка
Schleusenantrieb	шлюзовый привод
schließen	закрыть, запирать, замыкать
Schließer	замыкающий контакт
Schließ'kontakt	замыкающий контакт
- ring	стягивающее кольцо
- stellung	закрытое положение
Schlinge	петля
Schlingen'auswerfer	выталкиватель петли
- bildner	петлеобразователь
- lagengeber	петлевые датчики
- meßkopf	измерительная головка петель
- regelung	регулировка петли
- tisch	стол для образования петель
Schlitten	салазки
- führung	направляющая суппорта
- vorstoß	форштос суппорта
Schlitz	шлиц

Schlitz'blende	шлицевая бленда/диафрагма
- düse	шлицевое сопло
- position	позиция шлица
- wechsel	смена зазора
Schloßkasten	фартук суппорта
Schluckvolumen	удельный объём
Schlüssel	ключ, шифр, гаечный ключ
- nummer	кодовый номер
- schalter	ключ
- system	система кодирования
- wähler	селектор с ключом
- weite	размер под ключ
Schlußplatte	запорная крышка
Schmelzbasaltrinne	жёлоб из литого базальта
Schmiede'manipulator	ковочный манипулятор
- presse	ковочный пресс, кузнечный пресс
- stellung	положение ковки
Schmier- u. Hydraulikleitung	трубопроводы системы смазки и гидравлические трубопроводы
Schmier'anlage	система смазки
- anschluß	точка подключения смозочной системы
- anweisung	инструкция по смазке
- buchse	маслёнка
- druck	давление смазки
schmieren	смазывать
Schmier'fett	пластичная смазка, консистентная смазка
- fettversorgung	обеспечение пластичной смазкой, обеспечение консистентной смазкой
- filter	фильтр смазки
- fläche	смазываемая поверхность
- folge	периодичность смазки
- kreis	круговая смазка
- leiste	планка для смазки
- leitung	смазочный трубопровод
- leitungsplan	схема смазочных трубопроводов
- loch	смазочное отверстие
- merker	маркер смазки
- mittel	пластичная смазка, консистентная смазка

Schmier'mittel (flüssig)	жидкая смазка
- mittelverteiler	распределитель консистентной смазки
- nippel	ниппель для смазки
- nippel (Fettpresse)	пресс-маслёнка
- nut	смазочная канавка
Schmieröl	смазочное масло
- bezeichnung	наименование смазочного масла
- leitung	линия для смазочного масла
- pumpe	насос жидкой смазки
- umlaufanlage	установка циркуляционной смазки
- versorgung	маслоснабжение
Schmier'paste	смазочная паста
- plan	схема смазки
- pumpe	смазочный насос
- ring	смазочное кольцо
- rohr	смазочная труба
- stelle	смазочная точка, смазочное место
- stellendruck	давление точки смазки
Schmierstoff	смазочный материал, смазочное вещество
Schmierstoff (fest)	твёрдая смазка
Schmierstoff'menge	количество смазки
- probe	образец смазочного образца
- sorte	марка смазочного вещества
- verteiler	распределитель смазки
Schmiertasche	смазочный карман
Schmierung	смазка
Schmier'zeit	время смазки
- zyklus	цикл смазки
Schmutz'abstreifer	грязесъёмник
- fänger	грязеуловитель
- wasserabfluß	сток сточной воды, сток отработавшей грязной воды
- wassertauchpumpe	погружной насос для сточной воды
Schnappschalter	щелчковый выключатель
Schnecke	червяк, шнек, безконечный винт
Schnecken'getriebe	червячная (зубчатая) передача
- rad	червячное (зубчатое) колесо
- radkranz	зубчатый венец червячного колеса
- radlagerung	подшипниковый узел червячного колеса

Schnecken'radnabe	ступица червячного колеса
- verbindung	соединение червяка
- welle	вал червяка
- wellenlagerung	подшипник вала червяка
Schneidbacke	гребёнка
Schneidemechanismus	механизм резания
Schneiden	резка, резание, нарезание
Schneideringsatz	набор разрезных колец
Schneid'kante	режущая кромка
- schraube	самонарежающий винт
- system	система резания
schnell	быстро
Schnell'befüllung	быстрое наплнение
- belüftung	быстрая вентиляция
- drucker	быстропечатующее устройство
- druckereinheit	быстропечатающее устройство
- entlüftungsventil	быстродействующий воздушный клапан
- flußkupplung	быстроразъёмная муфта
- gang	быстрый ход
- halt	быстрый останов
- öffnungsmagnetventil	быстродействующий магнитный клапан
- schaltbremsmotor	быстропереключаемый тормозной двигатель
- schalter	быстродействующий выключатель
- schlagsignalglocke	быстроударный электрический звонок
- schlußkupplung	быстроразъёмная муфта
- schlußventil	быстрозакрываемый клапан
- verschleißteil	быстроизнашивающаяся деталь
- verschluß	быстродействующий затвор
schnellwechselbar	быстрозаменяемый
Schnitt	разрез
- anlage	устройство для резки
- daten	характеристика реза
- datenermittlung	расчёт параметров резания
- ebene	уровень разреза
- fläche	поверхность резания, срез, плоскость разреза
- kante	режущая кромка
- kommando	команда по отрезке
- länge	длина резки

Schnitt'längenänderung	изменение длины резки
- längenoptimierung	оптимизация длин резки
- stelle	интерфес
- verlauf	линия разреза
- zeichnung	схема разреза
- zugabe	припуск на резание
Schonplatte	изнашивающаяся плита
Schopfen	обрезка концов
Schopfenden	обрезки
- abfuhrsystem	система уборки обрезки
- rinne	направляющий склиз для удаления скрапа
- rutsche	жёлоб для обрезки
- verschiebung	перемещение обрезков концов
Schopf'schere	ножницы для обрезки концов
- schnitt	срез обрезков
- stellung	точка обрезки концов
Schottwand	противопожарная перегородка
Schräg'kugellager	радиально-упорный подшипник
- lager	радиально-упорный подшипник
- lagerbock	стойка радиально-упорного подшипника
- lagerkonsole	кронштейн радиально-упорного подшипника
- schnitteinrichtung	приспособление для резки муфт с косым срезом
Schrägungswinkel	угол наклона
Schrägverzahnung	косые зубья
Schrank	шкаф
Schrapper	скребок, скрепер
Schraube	винт
Schrauben'achse	ось винта
- anzugsmoment	момент затяжки винтов
- bolzen	резьбовой палец
- dreher	отвёртка
- feder	винтовая пружина
- größe	размер винтов
- kupplung	резьбовая муфта
- sicherung	фиксирование винта клеем
- spindelpumpe	винтовой насос
- stopfen	резьбовая пробка
- stoß	болтовое соединение

Schraubverbindung	резьбовое соединение, винтовое соединение, болтовое скрепление
Schreiben	запись
Schreiber	пишущее устройство
Schreib'gerät	регистрирующий прибор
- station	телетайп
Schrift	шрифт
- höhe	рост шрифта
Schritt	шаг
- baustein	шаговый модуль
- marker	маркер хода
- weite	величина шага
Schrott (metal.)	прутки, направляемые в скраб
Schrott (Wlz)	обрезь, шрот, металлолом, лом
Schrottabfuhr (Wlz)	уборка обрези
Schrottabfuhr (metal.)	удаление скраба
Schrottabfuhrsystem	система удаления обрезков
Schrott'behälter	короб для скрапа
- bund	бракованный рулон
- bunddurchmesser	диаметр бракованного рулона
- grube	приямок для скрапа
- klappe	заслонка обрези
- kübel (metal.)	короб для скрапа
- kübel (Wlt)	короб для обрези
- kübelwagen	тележка с коробами для обрези
- kübelwechsel	замена короба для скрапа
- rutsche	жёлоб для скрапа
- weiche	стрелка для отвода скрапа
- wickler	наматыватель скрапа
- wirtschaft	хозяйство металлических отходов
Schrumpfanker	усадочный стяжной болт
schrumpfen	усадка, сокращение
Schrumpf'ring	стяжное кольцо
- schlauch	стяжной шланг
- sitz	горячая посадка
Schruppbehandlung	обдирка
Schub'kasten	выдвижной ящик
- ladenschrank	верстак с ящиками
- riegel	задвижка
- stange	шатун

Schütz	затвор, контактор
Schützensteuerung	контакторная схема управления
Schützzeit	время срабатывания контактора
Schuko - Dreifach - Tischsteckdose	розетка с защитными контактами
Schuko - Steckdose	штепсельная розетка с защитным контактом
Schuko - Steckdosenleiste	гнездовая колодка с защитными контактами
Schuppenplatte	переталкивающая колосниковая плита
Schutz	защита
- art	вид защиты
- auslösung	защитное размыкание
- beschaltung	защитная схема
- blech	предохранительный щиток
- block	защитный блок
- deckel	защитная крышка
- einrichtungen	предохранительное устройство, защитное приспособление
- gitter	защитная решётка
- haube	защитный колпак
- hülse	защитная втулка
schutzisoliert	защитно изолированно
Schutz'kasten	защитная коробка
- koffer	защитный ящик
- lack	защитный лак
- leiste	защитная планка
- leiter	защитный провод
- leiteranschluß	подключение защитного провода
- platte	защитная плита
- ring	защитное кольцо
- rohr	защитная труба
- schalter	выключатель защиты
- schaltung	схема защиты
- vorrichtung	защитное приспособление
- wand	защитная стенка
- zone	зона защиты
schwach	слабо
Schwalbenschwanz'führung	направляющая в виде ласточкина хвоста
- nut	паз в виде ласточкина хвоста

Schwankung	колебание
Schwarzfilter	чёрный светофильтр
Schwarz - Weiß - Monitor	чёрно-белый монитор
Schweiß'arbeiten	работа по сварке
- bogen	сварное колено
- einrichtung	аппарат для сварки
schweißen	сваривать
Schweiß'klotz	сварная колодка
- konstruktion	сварная конструкция
- muffe	сварная муфта
- naht	сварной шов
- nahtgewicht	масса сварных швов
- nahtstärke	толщина сварного шва
- punkt	точка сварки
- stelle	место сварки
- stromeinstellbereich	диапазон регулировки сварочного тока
- stromquelle	источник сварочного тока
- teil	сварная деталь
- verbindung	сварное соединение
- verfahren	процесс сварки
- vorschrift	правила сварки
- winkel	сварной угол
- zusatzwerkstoff	присадочный материал для сварки
Schwelle	порог
Schwellen'relais	пороговое реле
- wert	пороговое значение
Schwellwert	пороговое значение
Schwenk'achse	ось поворота
- antrieb	привод для поворота
- arm	поворотный рычаг
- auge	поворотная шаровая опора
schwenkbar	поворотный
schwenken	поворачивать
Schwenk'hebel	поворотный рычаг
- hebelvorrichtung	механизм поворотного рычага
- kopf	поворотная головка
- kopfplatte	плита поворотной головки
- korb	поворотная головка
- rahmen	поворотная рама
- rolle	поворотный ролик

Schwenk'rutsche		поворотный жёлоб
- schalter		перекидной выключатель
- taste		перекидной ключ
- taster		поворотный выключатель
- welle		приводной вал
- winkel		поворотный угол
- zylinder		поворотный цилиндр
schwer		тяжело
Schweranlauf		тяжёлый запуск
Schwerkraft - Stromabnehmer		гавитационный токосъёмник
Schwerlastanker		тяжеловесный анкер
Schwerpunkt		центр тяжести
Schwimmen		автоматическое регулирование
Schwimmerableiter		отвод поплавка
Schwinden		усадка
Schwindfuge		усадочный шов
Schwinge (Hebel)		балансир
Schwinge (Kulisse)		кулиса
Schwingmetall		резино-металлический упругий элемент
Schwingung		колебание, качание, вибрация
Schwingungs'dämpfer		виброгаситель
- erzeuger		генератор колебаний, осциллятор
Schwitzwasser		конденсат
Schwungmoment		маховой момент
Scintillometer		сцинтиллятор
sechsgängig (Gewinde)		шестиходный
Sechskant		шестигранник
- bolzen		болт с шестигранной головкой
- mutter		шестигранная гайка
- paßschraube		винт с шестигранной головкой под развёртку
- schraube		винт с шестигранной головкой
- walzung		прокатка шестигранной прокатки
Segel		плоская оправка
- hub		ход дорна
- wagen		дорновая тележка
Segment		сегмент
- anker		дюбель
Seil		канат
- antrieb		канатный привод

Seil'kausche	канатный коуш
- klemme	канатный зажим
- rolle	канатный блок
- scheibe	канатный шкиф
- schloß	канатный замок
- spannung	натяжение каната
- spannzylinder	цилиндр для натяжения каната
- trommel	канатный барабан
- umlenkrolle	направляющий ролик для каната
Seite	сторона
Seiten'ansicht	вид сбоку
- anstellung	боковая направляющая линейка
- brenner	боковая горелка
- führung	боковая направляющая
- stütze	боковая стойка
- teil	боковая часть
- tür (Ofen)	боковое окно
- tür	боковая дверь
- verschiebung	боковое смещение
- verstellung	боковое регулирование
- verstellzylinder	цилиндр для бокового регулирования
- wand	боковая стенка
- wand (Rollgang)	бортовина
Sektion	секция
sekundär	вторичный
Sekundär - Dreieck	вторичный треугольник
Sekundär - Stern	вторичная звезда
Sekundär'spannung	вторичное напряжение
- wicklung	вторичная обмотка
Sekunde	секунда
Sekundentakt	такт
Selbstanlauf	самозапуск
Selbstbelüftung	естественная изоляция
Selbstentlade - Schrottkübel	самозагружающийся короб для скрапа
Selbsthaltung	самоблокировка
selbstschließend	самозакрывающий
Selbstschneideschraube	саморежующиеся болты
selbstsichernd	самостопорящийся
Selbstüberwachung	автоматический контроль
selbstumsteuernd	самореверсирующий

selektiv	селективный
Selektivität	селективность
Senden	трансляция
Sender	транслятор
Sender - Vorverstärker	предварительный усилитель передатчика
senkbar	опускаемый
Senkbefehl	команда опускания
senken	опускать, зенковать
Senken	опускание
Senk'geschwindigkeit	скорость опускания
- niete	заклёпка с потайной головкой
senkrecht	вертикально
Senk'rinne	наклонный жёлоб
- schlinge	спуск петли
- schraube	винт с потайной головкой
- takt	такт опускания
Separator	сепаратор
sequentiell	последовательный
Serie	серия
Service	обслуживание
Servoventil	сервоклапан
Setzen	фиксирование конечного состояния
Setzstock	люнет
Shore	по шору
Shunt	шунт
Sicherheits'abschaltung	запасное отключение
- anschlag	предохранительный упор
- befestigung	предохранительная фиксация
- block	предохранительный блок
- einrichtung	предохранительное устройство
- endlage	конечное безопасное положение
- kontrolle	контроль надёжности
- kreis	предохранительная цепь
- leitung	предохранительный провод
- maßnahme	мера безопасности
- ring	стопорное кольцо
- schalter	выключатель безопасности
- speicher	резервный аккумулятор
- thermostat	предохранительный термостат
- treppenstufen	безопасные ступеньки

Sicherheits'ventil	предохранительный клапан
- verriegelung	предохранительное блокировочное устройство
- windungen	предохранительные витки
sichern	фиксировать
Sicherung	предохранитель
Sicherungs'anlage	устройство СЦБ
- aufbau	конструкция предохранителя
- automat	автомат оперативных целей, предохранительный автоматический выключатель
- blech	стопорная шайба
- block	блок защиты
- bügel	стопорный бугель
- draht	предохранительная проволока
- einsatz	вставка предохранителей
- kasten	ящик предохранителя, коробка с предохранителями, коробка предохранителей
- mutter	контргайка, зажимная гайка
- raum	предохранительная камера
- ring	стопорное кольцо
- scheibe	стопорная шайба
- überwachung	контроль предохранителей
Sicht'anzeige	дисплей, визуальная индикация
- gerät (Anzeigegerät)	индикатор
- gerät (Monitor)	монитор
- winkel	угол видимости
Sieb	сито, решето, фильтр, отделитель, селектор
- einsatz	патрон сита
- filter	сетчатый фильтр
Sieflex - Brechbolzenkupplung	предохранительная муфта с разрушаемым штифтом Sieflex
Siemens - Grenztaster	конечный выключатель фирмы Сименс
Signal	сигнал
- armatur	датчик сигналов
- austausch	обмен сигнализацией
- fußpunkt	сигнальное основание
- geber	датчик сигналов

Signalgleichrichter	выпрямитель сигналов
Signalisierung	сигнализация, подача сигнала
Signal'lampe	сигнальная лампа
- leuchte	сигнальная лампа
- leitung	сигнальный провод
- monitor	сигнальный монитор
- spannung	напряжение сигнала
- sperre	прибор блокировки сигналов
- tableau	сигнальное табло
- überträger	сигнальный передатчик
- übertragung	передача сигналов
- umsetzer	сигнальный преобразователь
- wechsel	чередование сигналов
- zusammenfassung	сбор сигналов
signieren	маркировать
Silicon	силикон
Silicon - Kautschuk	кремнийорганический каучук, силиконовый каучук
Silikattonerde - Stein	силикатно-глинозёмный кирпич
Silizium - Chip	кремневый чип
Simatik	симатик
Simmerring	радиальное уплотнение
Simulation	имитация
Simulationsgerät	имитатор
Simulator	имитатор
Sinter	угар, окалина, агломерат
- eisen	металлокерамический сплав на основе железа
- kanal	канал для окалины
- rinne	жёлоб для окалины
Sinterwasser'becken	резервуар для воды с окалиной
- leitung	трубопровод для воды с окалиной
- pumpe	насос для воды с окалиной
- rohr	трубопровод для воды с окалиной
Sinusgenerator	генератор синусоидальных колебаний, синусоидального напряжения
Situation	ситуация
Sitz (Platz)	сиденье
Sitz (z.B. Ventil)	седло
Sitzventil	седельный клапан

Skala	шкала
Skalen'band	лента шкалы
- platte	плита шкалы
- ring	лимб
- teilung	деление шкалы
Skimmer	механическая лопата-струг
Sockel	цоколь
- belastung	нагрузка на цоколь
- belastungsfläche	поверхность цоколя, восприменяющая нагрузку
- blech	плинтусовый лист
sockeln	цоколевать
Software	матобеспечение
- koppelbaustein	блок связи матобеспечения
- paket	пакет математического обеспечения
Sohlplatte	плитовина
Sohlplattenhälfte	половина плитовины
Soll'gewicht	заданная масса
- vorgabe	выдача заданий
Sollwert	заданное значение
- bereich	диапазон регулирования
- bildung	образование заданного значения
- geber	задающее устройство
- potentiometer	задающий потенциометер
- übernahme	приём заданного значения
- umschaltung	переключение заданного значения
- vorgabe	ввод заданного значения
Sonde	зонд
Sonden'hebel	рычаг зонда
- kamera	зондовая камера
Sonder'absaugung	специальный отсос
- ausfertigung	специальное исполнение
- fall	специальный случай
- profil	специальный профиль
Sortierspeicher	сортирующее запоминающее устройство
Sortierung	сортировка
Späneabfuhr - Transportsystem	транспортная система уборки стружки
Späne'ausfall	отверстие для выпадения стружки
- band	конвейер для стружки
- bunker	бункер для стружки

Späne'kübel	короб для стружки
- räumer	стружкосбрасыватель
- rinne	жёлоб для стружки
- transport	транспортёр стружки
Spalte	столбец
Spann'antrieb	привод зажима заготовки
- arm	зажимной рычаг
- backe	зажимной кулачок
- bolzen	зажимной болт
- buchse	зажимная втулка
- bügel	стяжной хомут
- druck	давление зажима
- einrichtung	зажимное устройство
spannen	зажать
spannen	натягивать
Spann'fläche	плоскость зажима
- gewicht	натяжной груз
- gewinde	резьба зажимного устройства
- gewindelänge	длина резьбы зажимного устройства
- hebel	рычаг зажима
- hebelbolzen	зажимной болт
- hülse	зажимная втулка
- kopf	зажимная головка
- motor	двигатель для зажимного устройства
- mutter	стяжная гайка
- rahmen	рама натяжной станины
- ring	зажимное кольцо
- rolle	натяжной ролик
- satz	зажимный элемент
- scheibe	зажимная шайба
- scheibenhürde	стеллаж для зажимных шайб
- schelle	зажимная скоба
- schlitten	салазки натяжной станины
- schloß	стяжной замок
- schloß	стяжка
- schloßmutter	стяжная гайка
- schraube	натяжной винт
- stange	зажимная тяга
- station	натяжная станция
- stift	пружинный штифт

Spannung	напряжение
Spannungs'abfall	падение напряжения
- absenkung	падение напряжения
- änderung	изменение напряжения
- anstieg	повышение напряжения
- anzeige	индикатор напряжения
spannungsarm	с маленьким напряжением
Spannungs'ausfall	выпадение напряжения, исчезновение напряжения
- bereich	диапазон напряжения
- einbruch	просадка напряжения
- frequenzumsetzer	преобразователь частоты напряжения
spannungs'führend	под напряжением, подводящий напряжение
- los	без напряжения
Spannungs'messer	вольтметр
- messerumschalter	переключатель вольтметра
- null	точка нулевого напряжения
- prüfgerät	устройство наличия внутренних напряжений
- regelbereich	диапазон регулирования напряжения
- regelung	регулирование напряжения
- relais	реле напряжения
- schwankung	колебание напряжения
- sicherheit	повышенная электрическая прочность
- teiler	делитель напряжения
- überwachung	контроль напряжения
- umwandler	преобразователь напряжения
- versorgung	питание напряжением
- verzerrung	несинусоидальность формы кривой напряжения
- wandler	трансформатор напряжения
- wicklung	обмотка напряжения
- zwischenkreisumrichter	преобразователь частоты с контуром постоянного напряжения
Spann'vorgang	операция зажима
- vorrichtung	натяжное устройство
- weg	ход натяжения
- zweck	назначение зажима
- zylinder	цилиндр зажима
Spanvorgang	переточка

Spanwinkel	передний угол
Speicher (Automatik)	запоминающее устройство
Speicher (Hydraulik)	аккумулятор
Speicher'antrieb	аккумуляторный привод
- ausbau	демонтаж аккумулятора
- baugruppe	узел памяти
- befehl	команда обращения к запоминающему устройству
- blase	баллон аккумулятора
- druck	давление в резервуаре
- einheit	блок памяти
- erweiterung	блок расширения памяти
- kapazität	ёмкость памяти
- karte	плата памяти
- modul	модуль памяти
speichern	записано в память
Speicher'oszillograph	осциллограф с памятью
- platte	магнитный диск
- platz	место аккумуляторов
- platzseite	страница памяти
- schutzfehler	ошибка защиты памяти
- stand	стенд аккумуляторов
- zustand	состояние памяти
Speise'gas	газ
- pumpe	питательный насос
- transformator	трансформатор питания
- wasser	вода подпитки
- wassermangel	недостаток воды подпитки
- wasserpumpe	насос питательной воды
Sperr'blech	блокирующий щиток
- bolzenhebel	рычаг болтового блокирования
Sperre	блокировка, заграждение, затвор
sperren	блокировать, замыкать, заграждать, закрывать
Sperr'fähigkeit	блокирующая способность
- gut	негабаритный груз
- klinke	стопорная собачка
- kondensator	блокировочный конденсатор
Spezial'ausführung	специальное исполнение
- bolzen	специальный болт

Spezial'handschuh	специальные перчатки
- kabel	специальный кабель
- klammer	специальный зажим
- leitung	специальный провод
- lötkolben	специальный паяльник
- messerstahl	специальная ножевая сталь
- nummer	номер спецификации
- stahl	специальная сталь
- steckanschluß	специальный штеккерный разъём
- ventil	специальный клапан
- werkzeug	специальный инструмент
speziell	специально
Spezifikation	спецификация
spezifizieren	специфицировать
Sphäroguß	чугун с шаровидным графитом
Sphärolith - Gußeisen	чугун с шаровидным графитом
Sphariblock	сфероидальный блок
Spiegelbild	зеркальное изображение
spiegelbildlich	зеркальное изображение
Spiel	зазор
- ausgleich	компенсация люфтов
spielfrei	без люфтов
Spindel	шпиндель
- ablage	стойка для укладки шпинделя
- ausbalancierung	сбалансирование шпинделя
- ausgleichsventil	клапан уравновешивания шпинделей
- endschalter	шпиндельный конечный выключатель
- getriebe	механизм привода шпинделей
- halter	держатель шпинделя
- halterung	держатель шпинделя
- haltevorrichtung	устройство держателя шпинделя
- heber	держатель шпинделя
- hubelement	подъёмный механизм с ходовым винтом
- kasten	шпиндельная головка
- kopf	головка шпинделя
- länge	длина шпинделя
- lager	подшипник шпинделя
- lagerstuhl	шпиндельный стул
- muffe	муфта шпинделя
- mutter	гайка шпинделя

Spindel'pumpe		винтовой насос
	- richtung	направление шпинделя
	- rückhalter	устройство для фиксации шпинделя
	- schmierpumpe	винтовой смазочный насос
	- seite	сторона шпинделя
	- stütze	шпиндельная опора
	- stützenstellung	установка опоры шпинделя
	- stuhl	шпиндельный стул
	- stuhlgerüst	шпиндельный стул клети
	- stuhlverriegelung	блокировка шпиндельного стула
	- stuhlunterteil	нижняя часть шпиндельного стула
	- treffer	шпиндельный треф
	- trefferwechsel	смена шпиндельного трефа
	- unterstützung	подставка шпинделя
	- winkel	угол шпинделя
Spiral'bohrer		спиральное сверло
	- feder	спиральная пружина
	- nut	спиральная канавка
	- richtung	ход спирали
	- winkel	угол спирали
Spitze - Spitze		максимум-максимум
Spitzenhöhe		высота центров
spitzenlos		бесцентрово-токарная установка
Spitzen'sperrspannung		пиковое блокирующее напряжение
	- verbrauch	пиковой расход
Splint		шплинт
	- kopf	головка шплинта
	- loch	отверстие шплинта
Spreizdübel		распорный дюбель
Springkontakt		пружинный контакт
Spritz'balken		коллектор
	- düse	распыляющее сопло
spritzen		распыливать, брызгать, шприцевать
Spritz'flüssigkeit		жидкость/вещество шприцевания
	- ring	коллектор с соплами
	- ring (Rohrform)	кольцеобразная труба с форсунками
	- rohr	труба с разбрызгивающими форсунками
	- rohr	труба с соплами
	- schutz	брызговик
	- ventil	клапан шприцевания

Spritzwinkel	угол распыла
Sprosse	поперечина
Sprühelektrode	коронирующий электрод
sprühen	опрыскивать, брызгать
Sprüh'luft	распыляющий воздух
- schmieranlage	распыляющая система смазки
- sys	система распыления
- systemaufhängung	подвеска для системы распыливания
Sprung'befehl	команда перехода
- kontakt	щёлчковый контакт
- merker	маркер перехода
- schalter	мгновенный выключатель
- schaltglieder	звенья щёлчкового выключателя
Spüldüse	сопло для промывки
spülen	промывать, полоскать, споласкивать
Spülen (mit Luft)	продувание
Spül'luft	продувочный воздух
- luftanschluß	присоединение продувочного воздуха
- luftgebläse	вентилятор продувочного воздуха
- luftgebläse	воздухопродувка
- luftventilator	вентилятор продувочного воздуха
- stickstoff	продувочный азот
- system	система промывки
Spülung	полоскание, промывание, промывка, продувка
Spülwasser	промывочная вода
Spule	катушка, бобина, ролик
Spur	дорожка, след, колея
Spurkranz	реборда, гребень
spurkranzlos	без реборда
Spurweite	колея, ширина колеи
Stab	стержень, пруток
- bündel	пакет прутков
- durchlauf	проход прутков
- einlauf	ввод прутков
- einlauf	ввод прутка
Stabilisator	стабилизатор
- betrieb	режим работы стабилизатора
- regelung	система регулирования стабилизатора
stabilisieren	стабилизировать

Stabilisierung	стабилизация
Stab'kühlstrecke	участок охлаждения прутков
- länge	длина прутка
- lage	положение прутка
- temperaturregler	стержневой регулятор температуры
Staco - Preßrost	спресованная решётка Staco
Ständer (Walzwerk)	станина
Ständer (elektr.)	статор
Ständer (Stütze)	стойка
Ständer'blechpaket	пакет листов статора
- deckel	крышка
- fenster	окно в станине
- fuß (Stütze)	основание стойки
- fuß (Walzwerk)	основание станины
- rohr	труба статора
- rolle	ролик рольганга, смонтированного на станине
- schleißleiste	изнашивающаяся планка станины
- schütz	контактор статора
- traverse	траверса станины
- verschleißleiste	изнашивающаяся планка станины
- wicklung	обмотка статора
Staffel	группа клетей
Stahl	сталь
- band	сталная лента
- blech	стальной лист
- blechgehäuse	корпус из листовой стали
stahlblechgekapselt	в копусе из стального листа
Stahl'bolzenkäfig	стальной сепаратор
- draht	стальная проволока
- isolierungsstoff	изоляционный материал стального листа
- käfig	сепаратор
- konstruktion	металлоконструкция
- marke	марка стали
- platte	стальная плита
- rohrerweiterung	переходники для стальных труб (уширение)
- rohrreduzierung	переходники для стальных труб (заужение)
- schlauch	гибкий металлический шланг

Stahl'seil	стальной канат
- seiltrommel	барабан стального каната
- teil	металлическая часть
- werk	сталеплавильный цех
Stampfmasse (Ofen)	набивная масса
Standart	стандарт
- interface	блок стандартизованного сопряжения с каналов
- körnung	стандартная зернистость
- nabe	стандартная ступица
- verteilung	стандартное распредустройство
Standort	место расположения
Standsäule	колонка/стойка
Stange	штанга
Stangen'dichtung	уплотнение штока
- einspannung	зажим прутка
- fläche	поверхность штока
- hebel	штанговый рычаг
- kopf	головка штока
stangenseitig	со стороны прутка
Stanzmaschine	штамповочная машина
Stapel'einrichtung	устройство для штабелирования
- werk	штабелирующий механизм
Starkstromanlage	силовая электроустановка
Start	пуск, старт
Startbedingung	условие пуска
startbereit	готовность к пуску
starten	пускать, стартовать
Start'freigabe	деблокировка старта
- impuls	импульс старта
- position	стартовая позиция
- stellung	позиция запуска
- taste	пусковая кнопка, кнопка "пуск"
- zeit	время запуска
Statik	статика
Station	станция
stationär	стационарный
statisch	статический
Stator	статор
Status	статус

Staub'abdichtung	уплотнение от пыли
- beseitigung	пылеуборка
- büchse	контейнер для улавливания пыли
- entsorgung	удаление пыли
- gehalt	наличие пыли
- kasten	пылесборник
- lippe	пылеуловительная кромка
- platte	перекрывающая плита
- sammelbehälter	пылесборник
- trichter	воронка для приёма пыли
Stauchplatte	осадочная плита
Staumeßgerät	прибор измерения напора
Stechkarte	вставная карта
steckbar	вставной
Steck'blende	диафрагма
- buchse	штеккерное гнездо
- büchse	штепсельное гнездо
- dose	штепсельная розетка
- einheit	штепсельная единица
Stecker	штепсель, штеккер
Stecker - Ladegerät	штеккерное зарядное устройство
Steck'hülse	насадочная гильза
- kabel	специальный кабель со штеккером
- karte	вставная плата
- kupplung	штепсельное сединение
- leiste	вставные планки
- leitung	специальный кабель со штеккером
- schlüssel	гаечный ключ
- verbinder	штеккерный разъём
- verbindung	штепсельный разъём
- vorrichtung	штепсельный разъём
- vorrichtung	штепсельное приспособление
Steg	мостик
Stegblech	лист стечки
Stehbolzen	распорный палец
stehende Ausführung	вертикальное исполнение
Stehgleitlager	подшипник скольжения на лапках
Stehlager	упорный подшипник
- brücke	перемычка подшипника на лапках

Stehspannung	выдерживаемое напряжение
Stehstoßspannung	импульсное напряжение с крутым фронтом
Steifigkeit	жесткость
Steigeisen	скоба для подъёма
Steigung	наклон
Steigung (Gewinde)	шаг
Steigungsrichtung	направление наклона
Steinschraube	анкерный болт
Stell'bereich	диапазон регулирования
- getriebe	сервопривод
- glied	исполнительный орган, механизм-исполнитель
- gliedstellung	положение исполнительного органа
- klappe	регулирующая заслонка
Stellmotor	серводвигатель
- einlegekette	серводвигатель загрузочной цепи
- gebläse	воздуходувка-стельмотор
- kühlzone	серводвигатель зоны охлаждения
- linie	линия серводвигателя
- transport	транспортёр-стельмотор
Stell'mutter	установочная гайка
- ring	установочное кольцо
- schraube	регулировочный винт
Stellung	положение
Stellungs'band	установочная лента
- meldung	сигнализация положения
- überwachung	контроль положения
Stellventil	установочный клапан
Stellwagen	установочная тележка
Stellweg	поворотный угол
Stempel	штамп
- arm	клеймовочный рычаг
- baugruppe	клеймовочный узел
- befestigung	укрепление штампа
- kopf	клеймовочная головка
- maschine	клеймовочная машина
- mechanismus	клеймовочный механизм
Stempeln	клеймование
Stempelposition	исходное положение для клеймения

Stempel'radachse	ось клеймовочного диска
- scheibe	клеймовочный диск
- stellung	положение клеймения
- zylinder	клеймовочный цилиндр
Stern	звезда
Sterngriff	ручка с звездообразной головкой
Sternpunkt'erdung	заземление нейтрали
- verbindung	нейтраль
stetig	постоянно, непрерывно
stets	всегда
Steuer'block	блок управления
- bühne	пост управления
- bühne (geschl. Kabine)	кабина управления
- druck	управляющее давление
- einheit	блок управления
- elektronik	электроника управления
- haus	кабина управления
- kabel	кабель управления
- körper	орган управления
- kondensator	опорный конденсатор
- kreiseinheit	управляющее устройство
- leistung	мощность возбуждения, управляющая мощность
- leitungsstecker	выключатель линии управления
- luft	воздух для управления
steuern	управлять
Steuer'öl	управляющее масло
- platte	плита управления
- pult	пульт управления
- pumpe	насос управления
- pumpenfilter	фильтр насоса управления
- quarz	управляющий кварц
- rechnerraum	помещение управления вычислительных машин
- satz	блок управления
- satzsymmetrie	неметрирующий блок управления
- schalter	командо-аппарат, контролёр, ключ управления
- schema	схема управления
- seite	сторона обслуживания

Steuer'signal	управляющий сигнал, сигнал управления
- spannung	напряжение возбуждения
- spannungstransformator	трансформатор напряжения возбуждения
- spannungsüberwachung	контроль оперативного напряжения
- stand	стенд управления
- station	станция управления
- stelle	пост управления
- stromkreis	цепь управления
- systemeinheit	устройство контуров управления
- tafel	щит управления
- tafel (vor Ort)	щит управления на месте
- teil	часть управления
- trafo	регулировочный трансформатор
Steuerung	управление, регулирование
Steuerungs'aufgabe	управление
- einrichtung	устройство управления
- leitung	линия управления
- rechner	вычислительная машина управления
- schlüssel	ключ управления
- system	система управления
Steuer'werk	механизм управления, устройство управления
- winkel	угол управления
Stich	пропуск
- abnahme	обжатие за пропуск
- endstartverriegelung	конечная блокировка пуска пропусков
- flamme	острое пламя, остроконечное пламя
- plan	программа прокатки
- plandaten	данные программы прокатки
Stickstoff	азот
- ablaßrohr	выпускная свеча
- ausblasen	продувка азотом
- flasche	баллон для азота
- füllung	наполнение азотом
- hauptleitung	магистраль для азота
- spülsystem	система продувочного азота
- verbraucher	потребитель азота
Stift	штифт, палец, штырь
- belegung	занятость штифта
- kabelschuh	кабельный наконечник

Stift'leiste	штифтевая планка
- lochbohrer	сверло для отверстий под штифтом
- schraube	установочный штифт
Still'setzen	останов, остановка, изъятие из действия
- setzung	останов
- stand	простой, застой, остановка, выдержка
Stillstands'heizung	подогреватель двигателей при простое
- stufe	ступень при простое
stillstehend	остановка
Stirn'brenner	торцевая горелка
- fläche	торцевая поверхность, лобовая поверхность
- modul	торцевой модуль
- platte	торцевая плата
- rad	цилиндрическое колесо
- radflaschenzug	цилиндрический полиспаст
- radgetriebe	цилиндрический редуктор
- radkammwalzgetriebe	цилиндрический редуктор для шестерённой клети
- radschaltgetriebe	цилиндрический механизм переключения
- seite	торцевая сторона, торец
Stockpunkt	температура застывания
Stör'anzeige	индикация неисправностей
- diagnose	диагностика неисправностей
stören	мешать
Stör'kante	зона вмешательства
- klasse	класс неисправности
- meldebaustein	модуль сигнализации неисправности
- meldekontakt	контакт для передачи сигнала о неисправности
- melderechner	вычислительная машина диагностики неисправностей
- meldesystem	система сигнализации неисправностей
- meldetableau	табло сигнализации помехи
- meldung	аварийная сигнализация
- öldruck	давление масла сигнализации
- sammelmeldung	общая сигнализация помех
- spannung	мешающее напряжение
- speicher	запоминающее устройство неисправности

Störung	нарушение, неисправность, неполадка, дефект, искажение, помеха
Störungsdiagnose	система диагностики неисправности
Störunterdrückung	подавление помех
Stößel	ползун, штоссель, долбяк, толкатель
Stop	стоп
Stopfbuchse	сальник
Stopfbuchsflansch	фланель сальника
stopfen	закупоривать, подбивать
Stopfen	затычка, пробка
Stopklappe	стопорная заслонка
Stoppen	остановка
Stopper	стопор
Stopper (versenkbarer Vorstoß)	изчезающий упор
Stopperfinger	стопорный палец
Stoß	стык, замок
- belastung	ударная нагрузка
- blindleistung	ударная реактивная нагрузка
- dämpfer	амортизатор
- dämpferöl	амортизаторное масло
stoßen	толкать, долбить
Stoß'festigkeit	ударная прочность
- lasche	стыковая накладка
- spannung	импульсное напряжение
- strom	максимальный ток
- verbraucher	потребитель ударных нагрузок
Strahlanlage	дробеметная машина
Stahlenunterdrückung	степень подавления помех
Strahlmittel	дробь
- abscheider	сепаратор дроби для струйной обработки
- bedienung	регулирование дроби
- behälter	бак для дроби
- regelplatte	регулирующая плита для дроби
- regelung	регулирование дроби
- reiniger	устройство для очистки дроби
- schieber	шибер дроби
- silo	бункер для дроби
- zufuhr	подвод дроби
- zuteilgerät	устройство для дозировки дроби
Strahlraum	помещение струйной обработки

Stahlungs'decke (Ofen)	излучающий отвод
- pyrometer	пирометр излучения
Strang	линия
- gußblock	непрерывнолитая заготовка
- sicherung	фазный предохранитель
Straße (Walzstraße)	стан
Strebe	распорка
Strecke	штрек, отрезок, перегон, линия, прокатный стан, ленточная вытяжная машина
strecken	растяжение, вытягивание, вытяжка
Streck'grenzdrehmoment	крутящий момент при достижении предела текучести
- grenze	предел текучести
- richtmaschine	установка правки растяжением
- rollensatz	комплект натяжных роликов
- signalisierung	сигнализация на перегонах
Streifen	перфолента
- überwachung	контроль перфоленты
Streufluß	магнитный поток
Strömungs'richtung	направление потока
- wächter	реле потока
Strom	ток
stromabhängig	зависящий от тока
Strom'abnehmer	токоприёмник, токосниматель, токосъёмник
- änderungsgeschwindigkeit	скорость изменения тока
- anzeige	индикатор тока
- band	контактная полоса
- begrenzungsreduzierung	токоограничение
- bereich	диапазон тока
- einspeisung	питание током
- geber	датчик тока
- Istwert - Erfassung	регистрация действительного значения
- ladeadaption	адапция прерываемого тока
- laufplan	принципиальная схема
- leitelement	токопроводящий элемент
- leitfähigkeit	электрическая проводимость
- messer	амперметр
- netz	сеть тока

Strom'quelle		источник тока
	- regelventil	клапан регулирования тока
	- regelventil - Adapter- platten - System	адаптерные плиты для клапанов регулирования потока
	- regler	регулятор тока
Stromrichter		статический преобразователь тока
	- aggregat	преобразовательный агрегат
	- antrieb	тиристорный привод
	- betrieb	режим работы статического преобразователя тока
	- gerät	токовыпрямительное устройство
	- schaltung	схема преобразователя тока
	- transformator	трансформатор-преобразователь тока
Strom'schiene		контактный рельс
	- sperre	устройство блокировки тока, блокировка тока
	- spitze	пик тока
	- spitzenwert	пиковое значение тока
	- teilerventil	делительный клапан
	- übertritt	переход тока
	- umformer	преобразователь тока
	- umwandler	трансформатор тока
	- verbraucher	потребитель тока, электроприбор
	- vergleich	баланс тока
	- versorgung (Gerät)	блок питания
	- versorgung (Vorgang)	снабжение током
	- versorgungseinheit	блок электропитания
	- versorgungsgerät	прибор электроснабжения
	- versorgungsteil	часть электроснабжения
	- wächter	реле контроля тока
	- wandler	трансформатор тока
	- wandler (f. Niederspannung)	трансформатор тока низкого напряжения
Strukturbild		структурная схема
Strukturschema		структурная схема
Stück		штук
	- liste	спецификация
	- listenseite	страница спецификации
stückweise		поштучно
Stückzahl		число изделий
Stützbatterie		аварийная аккумуляторная батарея

Stützbock	опорная стойка
Stütze	колонна
Stütze	опора
Stützen'reihe	ряд колонн
- widerstand	опорная реакция
Stützer	изолятор
Stütz'fläche	опорная плоскость
- gerüst	опорная конструкция
- hebel	упорный рычаг
- isolator	опорный изолятор
- kraft	опорное усилие
- länge	длина опоры
- platte	опорная плита
- rad	опорное колесо
- ring	опорное кольцо
- rohr	стояк
- rolle	опорный ролик
- scheibe	опорная шайба
- schiene	опорная балка
- stange	опорная штанга
- träger	опорная балка
- verbindung	опорное соединение
- wange	опорная деталь
- weite	пролёт
- weitenverlängerung	удлинение пролёта
Stufe	ступень
Stufen'anwahl	выбор ступени
- länge	длина ступеньки
- schalter	ступенчатый выключатель
- vorwahl	предварительный выбор ступени
Stumpf'naht	стыковой сварной шов
- schweißung	сварка встык
Stundenleitung	часовая выработка
Sturz	падение, обрушение
Stutzen	штуцер
Substitutionsfehler	ошибка замещения
Suchen	поиск
Suchlauf	ход поиска
Südlinie	южная линия
Sulfidasche	сульфатная зола

Summe	сумма
Summen'blindleistung	суммарная реактивная мощность
- datenrate	скорость передачи суммарных данных
- störmeldung	общая сигнализация неисправностей
- störung	общая неисправность
- teilungsfehler	суммарная погрешность шага деления
- wirkleistung	суммарная активная мощность
Summer	зуммер
Summierverstärker	суммирующий усилитель
Sumpf	зумпф
- grube	зумпфовый приямок
- pumpe	зумпфовый насос
Symbol	символ
Symbolzusatz	приставка для показа символов
Symmetrieüberwachung	контроль симметричности
synchron	синхрон
Synchronisator	синхронизатор
synchronisieren	синхронизация
Synchronisierspannung	синхронизирующее напряжение
Synchronisierungs'bero	синхронизация Беро
- stange	синхронизирующая штанга
- zahnrad	шестерня синхронизации
Synchronmotor	синхронный двигатель
Synchronwelle	синхронизирующий вал
synoptisch	синоптический
System	система
- analyse	системный анализ
- bauweise	системная конструкция
- druck	давление в системе
- gerät	системный прибор
- pumpe	насос системы
- schwinge	системный балансир
- software	системное матобозначение

T - Allen - Driver	тянущее устройство
T - Einschraubverschraubung	тавровое резьбовое штуцерное соединение
T - Stahl	тавровая сталь
T - Stück	тройник
T - Träger	тавровая балка
T - Verschraubung	Т-образное соединение
Tabelle	таблица
Tableau	табло
Tacho	тахометр
- dynamo	тахогенератор
- dynamo - Anbau	монтаж тахогенератора
- generator	тахогенератор
- impulsgeber	тахогенератор и импульсный датчик
- impulsgeber - Kombination	тахогенератор и импульсный датчик
- maschine	тахогенератор, таходинамо
Takt	такт
- anzahl	количество тактов
- baustein	тактовый модуль
- flanke	фронт такта
- generator	тактовый генератор
- merker	маркер такта
- versorgung	обеспечение тактового режима
- vorgabe	задание такта
- zähler	счётчик тактов
- zahl	число тактов
Tangens	тангенс
Tangentkeil	тангенциальный клин
Tank	бак
Tanköl - Direkt - Rückführung	прямая обратная линия масла в бак
Tarier'bereich	диапазон калибровки
- spannung	напряжение калибровки
- vorgang	процесс калибровки
- wert	величина калибровки
Tasche	мульда
Tastatur	клавитура
Taste	кнопка
Tastendruck	нажатие кнопки
Taster	клавишный выключатель
- verlängerung	удлинитель шарнирного щупа

Tastkopf	щуп
Tastteiler	делитель к щупу
tatsächlich	фактически, действительно
Tauch'heizkörper	погружной нагреватель
- hülse	погружная гильза
- leiste (Ofen)	отсекатель
- schmierung	смазка погружением
Taupunkt	точка росы
- temperatur	температура точки росы
technologisch	технологический
Teerpappe	толь
Teil (Einzelteil)	деталь
Teil (Teilstück)	часть
Teilautomatikk	частичная автоматика
teilabgesenktt	частичное опускание
Teilbereich	участок резки
Teile (für Begehung)	части для обхода
Teilen	порезка
Teilesatz	набор деталей
Teil'fläche	частичная поверхность
- fuge	плоскость разъёма
- gruppendisposition	компановка узлов
- kegellänge	длина делительного конуса
- kegelwinkel	угол при вершине делительного конуса
- kreis	делительная окружность
- kreisdurchmesser	диаметр делительной окружности
- länge	мерная длина
- last	частичная нагрузка
- leiter	элемент проводника
- nummer	номер детали
- säge	пила для резки на мерные длины
- schere	делительные ножницы
Teilschnitt	разрез
- längenänderung	изменение длины на мерные резки
- säge	пила для резки на мерные длины
teilsenken	частичное опускание
Teil'spule	секционированная катушка
- strahlungspyrometer	пирометр частичного излучения
- strich	штрих
- stück	часть

Teilung	деление, разделение, градуировка, градуирование, классификация, шаг, разделка
Teilungsbereich (beim Sägeblatt)	шаг между пластинами
Telefonapparat	телефонный аппарат
Teleskop'führung	телескопическая направляющая
- gabel	телескопическая вилка
teleskopierbar	телескопический
Teller'feder	тарельчатая пружина
- federanordnung	расположение тарельчатых пружин
- rad	плоское колесо
Temperatur	температура
- alarm	сигнализация температуры
- anzeige	индикация температуры
- begrenzer	ограничитель температуры
- fühler	температурный щуп
- geber	температурный датчик
- grenze	предел температуры
- haltezeit	время температурной выдержки
- kompensation	компенсация температуры
- meßgerät	прибор для измерения температуры
- meßzusatz	переносный датчик температуры
- regelzone	зона регулирования температуры
- regler	терморегулятор, регулятор температуры
- reduzierstation	станция регулирования температуры
- überwachung	устройство контроля температуры
- wächter	реле температуры
Temper'gerät	приспособление для обработки муфт
- guß	ковкий чугун
Test	тест
Test	проверка
Testadapter	испытальная приставка
testen	проверять, испытывать
Tester	тестер
Test'programm	тестовая программа
- rechner	вычислительная машина
- schalter	испытательный выключатель, ключ проверки
- standabsaugung	отсос стенда проверки
Termie	термия

theoretisch	теоретически
thermisch	термический
Thermistorschutz	термисторная защита
Thermo'draht	термопроволока
- element	термоэлемент
- fühler	температурный щуп
- meter	термометр
- meternocken	кулачок термометра
- paar	термопара
- pene	термопан
- schalter	термовыключатель
Thermostat	термостат
Thyristor (durchlegiert)	тиристор (легированный)
Thyristor	тиристор
- baustein	тиристорный блок
- brücke	мост тиристора
- doppelbaustein	двойной тиристорный блок
- lüfter	вентилятор-преобразователь
- säule	тиристорная колонка
- schrank	тиристорный шкаф
- sicherung	тиристорный предохранитель
- speisung	тиристорное питание
- speisung	система питания тиристоров
- steuerung	тиристорный блок управления
- stromrichter	тиристорный преобразователь
- tablette	таблеточный тиристор
- umformer	тиристорный преобразователь
tief	глубоко
Tiefe	глубина
Tiefkeller	подвал минимального занижения
Tiefpaßfrequenz	частота фильтра нижних частот
Tiefstwert	минимальное значение
Tippbetrieb	старт-стопный режим
Tippen	старт-стоповый режим
Tisch	стол
- breite	ширина стола
- brücke	настольный мост
- gehäuse	настольный корпус
- gerät	настольный аппарат
- holm	поперечина стола

Tisch'holmanker	анкер поперечины стола
- verriegelung	блокировка стола
- verschiebung	устройство для перемещения стола
- version	настольная конструкция
Titelblatt	заглавный лист
Toleranz	допуск
- angabe	указание допусков
Toner	тонер
Tonerdematerial	материал глинозёма
Tonmodul	звуковой модуль
Tor	ворота
Torluftschleieranlage	установка воротных воздушных завес
Totpunkt	мёртвая точка
Toxizität	токсичность
Träger	балка
- frequenz	несущая частота
- luft	транспортирующий воздух
- platte	подложка
- rahmen	рама балки
- speichereffekt	эффект накопления носителей
Trägheit	инерция
Trägheitsmoment	момент инерции
Tränenblech	профильный лист
Trafo	трансформатор
- anschlußlasche	пластина подключений трансформаторов
- öl	трансформаторное масло
- schalter	выключатель трансформатора
- temperatur	температура трансформатора
Tragbalken	несущая балка
tragbar	переносный
Tragblech	опорный лист/несущий металл
Tragbild	пятно контакта, поле зацепления зубчатой передачи
- simulation	имитация пятна контакта
- spezifikation	спецификация пятна контакта
Trage'flansch	несущий фланец
- kasten	несущая коробка
- kette	транспортная цепь
- lasche	насущая накладка
- ring	опорное кольцо

Trag'fähigkeit	грузоподъёмность
- kettenverladebett	цепной разгрузочный шлеппер
- konstruktion	несущая конструкция
- kraft	грузоподъёмность
- platte	опорная плита
- rahmen	несущая рама
- rohr (Ofen)	подставка
- rolle	опорный ролик
- rollgang	несущий рольганг
- schlepper	передаточный шлеппер
- schlepperbereich	участок передаточных шлепперов
- sicherung	несущий предохранитель
- stab	несущая балка
- stabrichtung	направление несущей балки
- wagen	передаточная тележка
- wagengewicht	вес передаточной тележки
Transduktor	дроссель насыщения
Transfergeschwindigkeit	скорость передачи
Transformator	трансформатор
- differenzialschutz	дифференциальная защита трансформаторов
- einspeisung	ввод питания трансформатора
- untersation	трансформаторная подстанция
Transistor	транзистор
- telefon	транзисторный телефон
transparent	прозрачный
Transparentmantel	прозрачный кожух
Transport	транспортировка
transportabel	переносный, портативный
Transport'band	ленточный транспортёр
- bandsperre	блокировочное устройство ленточного транспортёра
- bandtrennung	разделение транспортёра
- flansch	транспортный фланец
- gehänge	подвеска для транспортировки
- geschwindigkeit	скорость транспортировки
- gewicht	вес транспортировки
- gut	транспортные грузы
- höhe	транспортная высота
- plan	план транспортировки

Transport'richtung	направление транспортировки
- rolle	транспортный ролик
- sicherung	транспортирующий рольганг
- versteifung	фиксация для транспортировки
- wagen	транспортная тележка
- wagengewicht	вес транспортной тележки
- weg	путь транспортировки
Trapez'blech	трапецеидальный лист
- gewinde	трапецеидальная резьба
Trassenanschluß	присоединение к трассе
Traverse	траверса
Treffer	треф
- ablage	место для укладки трефов
- unterkante	нижняя грань муфты
Treibapparat (Flämmaschine)	трайбаппарат
Treibapparat (Vierkurbelschere)	тянущие ролики
Treiben	разгон
treibend	тянущий
Treiber	трайбаппарат
- antrieb	привод трайбаппарата
- rolle	ролик трайбаппарата
- software	внутреннее матобеспечение
Treib'keil	клиновая шпонка
- rolle	тянущий ролик
- rollenuntersatz	подставка для тянущих роликов
- scheibe	задающий шкив
trennen	разделять, делить, сепарировать, сепарация, отсоединение, разъединение, размыкание
Trenner	разъединитель
Trenn'finger	разъеденительный палец
- fingerteil	деталь разделительного пальца
- fuge (Naht)	шов
- fuge (Stoßfuge)	разъём
- kontakte	разъеденяющий контакт
- lasche	разделительная пластина
- leiste	разделительная планка
- linie	разделительная линия
- messer	разделительный нож
- schalter	разъеденить

Trenn'schere	разъеденительные ножницы
- schieber	разъеденительный шибер
- schnitt	разделительный рез
- stelle	место разъеденения
- vorrichtung	разъеденительное приспособление
- wagen	разъеденительная тележка
- wand	перегородка
- wandler	разделительный преобразователь
- weiche	стрелочный перевод
- zeichen	разделяющий знак
Treppe	лестница
Treppen'abgang	лестница схода
- haus	лестничная клетка
- hausgeländer	перила лестницы
- lauf	марш
- säule	опорная колонна лестницы
- stütze	опора лестницы
Trichter	воронка
Triebstange	шатунная тяга
Triebstock	цевка, цевочный зуб
- befestigung	крепление цевочной штанги
- rad	цевочная шестерня
- stange	цевочная штанга
- teil	часть цевки
- verzahnung	зубчатое зацепление цевки
Triggerung	триггерование
Trimmkondensator	подстроечный конденсатор
Trimmschere	балансировочные ножницы
Trinkwasser	питьевая вода
- leitung	линия питьевой воды
Trittstufe	проступь
Trittstufenbreite	ширина проступи
Trocken'ausführung	сухое конструктивное исполнение
- batterie	сухая батарея
- filter	сухой фильтр
- gas	сухой газ
trockenisoliert	сухая изоляция
Trocken'laufschutz	защита от сухого хода
- reihe	сухой ряд
- transformator	сухой трансформатор

Trocknen	сушка
Trocknungs'einheit	блок осушки
- kammer	сушильная камера
Trommel	барабан
Trommel (Dampfheißkühlung)	баллон
Trommel'bremse	колодочный тормоз
- niveau	уровень в барабане котла
- stehlager	подшипник барабана
Tropfpunkt	точка каплеподения
Tür	дверь
- einfassung	рама двери
- flügel	заслонка
- hochstellung	высокое положение дверей
- riegel	дверная задвижка
- riegelbolzen	болт дверной задвижки
- tiefstellung	низкое положение дверей
- verschluß	замок двери
Tütengruppen (Verschlußpfropfen)	заглушка/глухая пробка
TÜV	союз технического надзора
Tunnel	тоннель
Turbine	турбина
Turbinen'durchflußmeßgerät	турбинный расходомер
- gehäuse	корпус турбины
- welle	вал турбины
TV - Kamera	тв-камера
TV - Kamera	телекамера
Twiflex - Bremszange	клещевой механизм торможения Twiflex
Typ	тип
Typen'rad	литерное колесо
- reihe	ряд типоразмеров
- schild	фирменная табличка
typisch	типовой

U – Eisen	швеллерный профиль
U – förmig	у-образный
U – Profil	швеллерный профиль
U – Scheibe	подкладная шайба
U – Schiene	швеллерный профиль
U – Schmiedepresse	ковочный процесс с подпольным приводом
U – Stahl	швеллерная сталь
U – Träger	швеллер
U – Walzung	прокатка угловой прокатки
U/Min	об/мин.
UdSSR – Norm	норма СССР
überbrücken	перемыкать, шунтировать
Überbrückung	перемыкание, шунтирование
Überdrehzahl	превышение числа оборотов
– schutz	защита от превышения числа оборотов
– überwachung	контроль превышения номинального числа оборотов
Überdruck	избыточное давление
– meßgerät	манометр избыточного давления
– ventil	предохранительный клапан
– ventil	клапан предельного давления
Übererregungs'faktor	коэффициент форсировки
– faktor	коэффициент перевозбуждения
– schutz	защита от перевозбуждения
überfahren	переезд ограничения
Übergabe	передача
– hebel	рычаг передачи
– hebelsystem	система рычагов передачи
– platz	место передачи
– position	позиция передачи
– punkt	пункт передачи
– stellung	передаточная точка
– trichter	сборная ёмкость
– vorrichtung	передаточное устройство
– wagen	передаточная тележка
– welle	передаточный вал
– zyklus	цикл передачи
Übergang (Werkstück)	переход
Übergang	переходная площадка
Übergangsfunktion	переходная функция

Übergangs'strom		ток переходного процесса
- stück		переходная деталь
übergeben		передать
überhitzen		перегреть
Überhitzer		перегреватель
Überhitzung		перегрев
überkoppelt		пересоединять
Überlänge		превышенная длина
überlagern		гетеродинировать, преобразовывать
überlagert		наложенный
Überlappung		нахлёстка, перекрытие, напуск
Überlappungsstück		часть нахлёстки, часть перекрытия
Überlast		перегрузка
Überlastbarkeit (zulässige)		допустимая перегрузка
Überlastbarkeit (Überl.-Vermögen)		перегрузочная способность
Überlast'schutz		защита от перегрузки
- sicherung (Vorgang)		предохранение от перегрузки
- sicherung (Vorrichtung)		предохранитель от перегрузки
Überlastungssicherung		предохранение от перегрузки, защита от перегрузки, предохранитель от перегрузки
Überlauf		перепускное устройство
Überlaufleitung		перепускной трубопровод
Übermaß		завышение размера
übermitteln		передавать, ретранслировать, перепринимать
Übernahme		приёмка
- position		позиция передачи
- rollgang		приёмный рольганг
- stellung		точка передачи
übernehmen		перенимать, перенять
überschreiten		превышать
Überschußwärme		избыточное тепло
Übersetzer		преобразователь, трансформатор, транслятор
Übersetzerprogramm		программа транслятора
Übersetzung		преобразование, трансформация, передача
Übersicht		обзор, налгяд
Übersichtsplan		общий вид

Übersichts'schaltplan		общая схема соединений
- zeichnung		чертёж общего вида
Überspannung		перенапряжение
Überspannungs'ableiter		разрядник для защиты от перенапряжений
- beschaltung		схема защиты от перенапряжения
- schutz		защита от перенапряжения
- schutzbeschaltung (Schema)		схема защиты от перенапряжения
- schutzbeschaltung		защита от перенапряжения
überstehend		выступающий
Überströmer		перепускной клапан
Überströmventil		перепускной вентиль
Überstrom		сверхток, ток перегрузки, максимальный ток
- auslöser		автоматический выключатель максимального тока
- auslösung		расцепление при перегрузке
- leitung		перепускной провод
- regler		перепускной клапан
- relais		максимальное реле тока
- zeitschutz		максимальная токовая защита с выдержкой времени
Übertemperatur		превышенная температура
Überträger		передатчик
Übertragung		передача, перенос, трансляция
Übertragungs'geschwindigkeit		скорость передачи
- rate		передаваемый массив данных
- welle (Treibwelle)		ведущий вал
- welle (Laufwelle)		трансмиссионный вал
übervoll		переполнено
Überwachung (Gerät)		контрольный прибор
Überwachung (Vorgang)		контроль
Überwachungs'melder		охранный извещатель
- meßgerät		контрольно-измерительный прибор
- objekt		объект наблюдения
- programm		программа контроля
- relais		реле контроля
- zeit		продолжительность контроля
- zone		зона наблюдения
Überwurfmutter		накидная гайка
übrige		остальные

Ultraschall	ультразвук
Ultraschall'knüppel - Prüfanlage	установка ультразвукового контроля заготовок
- prüfanlage	установка ультразвукового контроля
- prüfung	ультразвуковая дефектоскопия
- prüfung	ультразвуковой контроль
- schranke	ультразвуковая барьера
Umbau'halle	пролёт перестройки
- vorrichtung	устройство для обслуживания валков клетей
Umdrehung	вращение, оборот
Umfang	объём
Umformer	преобразователь
- modul	модуль-преобразователь
Umführungsleitung	отводящий трубопровод
Umgebungs'bedingung	условие окружающей среды
- temperatur	температура окружающей среды
Umkehrstromrichter (allgemein)	реверсивный выпрямитель тока (общий)
Umkehrstromrichter (kreisstromfrei)	реверсивный выпрямитель тока без уравнительного тока
Umlagern	перемещение материала
Umlagerung	перегруппировка
Umlauf	циркуляция
- durchmesser	наибольший диаметр обработки
umlaufen	вращаться, циркулировать
Umlauf'kühlwasser	циркуляционная охлаждающая вода
- kühlwasserleitung	трубопровод циркуляции охлаждающей воды
- schmierung	циркуляционная смазка
- steuerung	циркуляционное управление
- ventil	циркуляционный клапан
- wasser	оборотная вода
- wasserkühlung	охлаждение циркуляционной воды
Umlenk'bock	направляющий упор
- kettenrad	направляющая звёздочка
- rad	направляющее колесо
- rolle	направляющий ролик
- scheibe	направляющая шайба
- seite	направляющая сторона
Umpumpaggregat	агрегат перекачки

Umpumpleitung	трубопровод перекачки
Umrandung	обрамление
Umrichter	преобразователь
Umriß	контур
umschaltbar	переключаемый
Umschalteinrichtung	переключающее устройство
Umschalter	переключатель
Umschalt'hahn	кран переключения
- kontakt	переключающий контакт
- logik	логика переключения
- schütz	переключающий контактор
Umschaltung	переключение
Umschlagseite	сторона интервала превращения
Umsetzgeschwindigkeit	скорость превращения
Umspanner	трансформатор
Umspannwagen	вагон-подвижная трансформаторная подстанция, распределительная подстанция
umsteckbar	съёмный
Umsteuerung	реверсивное управление
Umsteuerventil	реверсивный клапан
umwälzen	циркулировать, рециркулировать
Umwälz'filter	циркуляционный фильтр
- kreis	циркуляционный контур
- kreislauf	циркуляция
- kühlwasser	циркуляционная охлаждающая вода
- pumpe	циркуляционный насос
- station	станция циркуляционных насосов
Umwälzung	циркуляция, рециркуляция
Umwälzwasser	оборотная вода
- druckmangel	недостаточное давление циркуляционной воды
Umwandler	преобразователь
Umwandlung	преобразование
Umweltschutz	защита окружающей среды
Umzäunung	ограждение
unbearbeitet	необработанный
Unfallverhütungsvorschriften	правила техники безопасности
ungefähr	примерно
ungeölt	не смазаный

ungeprüft	неиспытанный
ungespannt	не напряжённый
unisoliert	не изолированый
Universal'meßgerätewagen	универсальная тележка для транспортировки измерительных приборов
- spindel	универсальный шпиндель
- spindelaggregat	универсальный шпиндельный агрегат
Unkomplettierungszeichen	индекс некомплетности
unkritisch	некритический
unmittelbar	непосредственно
Unparallelität	непараллельность
unsachgemäß	неправильно, ненадлежащий
Unsymmetrie'relais	реле несимметрии
- schutz	защита от несимметрии
- schutz (Belastung)	защита от несимметрической нагрузки
Unterbau	основание
unterbrechen	прерывать
Unterbrechung	прерывание
Unterbrechungsstruktur	система прерывания
Unterdruck	разрежение
Unterdrückung	подавление
Untererregungsschutz	защита от недовозбуждений
Unterflur - Schmiedepresse	ковочный пресс с подпольным приводом
unterfüttern	подбивать
Unterfuß	подливка
unterhalb	под
Unter'holm	нижняя поперечина
- kante	нижняя кромка
- länge	немерная длина
- lage	подкладка
- legscheibe	подкладная шайба
Untermesser	нижний нож
- balken	траверса нижнего ножа
- dämpfung	амротизация нижного ножа
- hebel	рычаг нижнего ножа
- leiste	распорная планка под нижним ножом
- satz	нижний набор ножей
Unter'motor	нижний двигатель
- programm	подпрограмма
- punkt	низкая точка

Unter'rolle	нижний ролик
- satz (Unterbau)	основание
- satz	постамент
- setzung	редукция
- setzungsverhältnis	передаточное отношение
- spannung	минимальное напряжение
- spannungsrelais	реле минимального/нулевого напряжения
- spannungsüberwachung	контроль минимального напряжения
- spannungsschutz	защита минимального напряжения
- strom	минимальный ток
- stromauslöser	расцепитель минимального тока/нулевого напряжения
Unterstützung	опора
Unterstützungsbock	поддерживающая стойка
Unter'teil	нижняя часть
- verteiler	устройство ввода
- verteilung	устройство ввода
- wagen	тележка продольного перемещения
- walze	нижний валок
- welle	нижний вал
- zug	прогон
unverdrahtet	без электропроводки
unvollendet	неоконченный
unzulässig	недопустимо
US - Anlage	контрольная установка для выявления внутренних дефектов
US - Prüfanlage	установка для ультразвукового контроля
US - Wicklung	обмотка низкого напряжения
UV - Flammenüberwachungsvorrichtung	датчик, настроенный на ультрафиолетовое излучение
UV - Zelle	элемент уф

V - Ebene	напряжение
V - Gerüst	вертикальная клеть
V - Getriebe	редуктор для вертикальной клети
V - Ring	V - образное кольцо
V - Sattelbahn	V - образный боёк
V - Traverse	траверса вертикальной клети
V - Walze	валок вертикальной клети
variabel	изменяемый
Variot	вариот
Ventil	клапан
Ventilablaßdruck	давление срабатывания клапана
Ventilator	вентилятор
Ventil'block	блок клапанов
- bock	блок клапанов
- halter	держатель клапана
- kegel	шток клапана
- körper	корпус клапана
- pult	клапанный пульт
- sitz	седло клапана
- spannung	напряжение клапана
- spindel	шток клапана
- stand	стенд клапана
- station	станция клапана
- tafel	стенд клапана
- vorsteuereinheit	блок, управляющий клапаном
Verankerung	анкеровка
Verankerungsteile	анкерные части
Veranschlagung	составление смет
Verbinder	соединитель
Verbindung	соединение
Verbindungs'bolzen	соединительный болт
- flansch	соединительный фланец
- glied	соединительное звено
- kabel	присоединительный кабель
- kanal	соединительный канал
- lasche	соединительная накладка
- leitung	соединительный провод
- muffe	соединительная муфта
- rohrleitung	соединительный трубопровод
- schlauch	соединительный шланг

Verbindungs'stange	соединительная штанга
- teil	соединительная деталь
- träger	соединительная балка
Verbrauch	расход
Verbraucher'druck	давление у потребителя
- nähe	вблизи от потребителя
- volumenstrom	объёмный ток у потребителя
Verbrauchs'material	расходуемый материал
- stoff	расходуемый материал
Verbrennungsprodukt	продукт горения
Verbund'steuerschalter	комбинированный командоконтроллёр
- werkstoff	соединительный элемент из разных материалов
Verdampfungs'abkühlsystem	система испарительного охлаждения
- heißkühlsystem	система испарительного охлаждения
Verdichterstufe	ступень компрессора
Verdickungsmittel	средство загустевания
verdrahten	соединить проводом
Verdrahtung	соединение проводами, монтаж
Verdrahtungs'kanal	разводной канал
- liste	перечень разводки проводов
Verdrehfestigkeit	прочность при кручении
Verdrehung	поворот
Verdrehwinkel	угол кручения
Verdrillung	скручивание
Verdrillzange	клещи скручивания
verdünnen	разводить, разбавлять
Verdünnung	разбавление, разведение, понижение концентрации
Verdunstungskühlung	система испарительного охлаждения
vereinzeln	поштучное разделение
vereinzelt	поштучно
Vereinzelungsrost	решётка для поштучной передачи
Verfahr'antrieb	привод перемещения
- balken	балка перемещения
verfahrbar	передвижной
Verfahrbewegung	перемещение
verfahren	перемещать
Verfahren	перемещение
Verfahrgeschwindigkeit	скорость перемещения

Verfahr'mechanismus		механизм перемещения
- pumpe		насос перемещения
- rahmen		рама перемещения
- reduktor		редуктор перемещения
Verfahrung		перемещение
Verfahr'vorrichtung		устройство перемещения
- weg		путь перемещения
- welle		вал привода перемещения
- werk		механизм горизонтльного перемещения
- zylinder		цилиндр для перемещения
- zylinderschutzventil		защитный клапан цилиндра перемещения
Verfolgung		слежение, провождение, преследование
Verfolgungs'abschnitt		участок слежения
- funktion		функция слежения
- zone		зона слежения
Verformungs'drehmoment		вращающий момент деформации
- temperatur		температура деформации
vergießen		заливать, разливать
Verglasung		остекление
Vergleich		сравнение
Vergleichsgas		эталонный газ
vergüten		повышать качество термической обработки
Vergütung		улучшение
Vergütungs'ofen		термическая печь
- stahl		улучшенная сталь
Verguß		подливка, заливка
- beton		бетон заливки
- manschette		заливочная манжета
Verhältnis		отношение
Verkabelung		прокладка кабелей
Verkabelungs'plan		план прокладки кабелей
- übersichtsplan		общий план прокладки кабелей
Verkäufer		продавец
Verkäufer - Lieferung		объём поставки продавца
Verknüpfung		логическая часть
Verknüpfungsergebnis		результат логической связи
verkürzen		сокращать
Verladen		загрузка
Verladeposition		позиция загрузки

Verlade'skizze	эскиз загрузки
- vorrichtung	загрузочное устройство
verlängern	удлинять
Verlängerung	удлинение
Verlängerung (Verlängerungsstück)	удлинитель
Verlängerungs'bolzen	удлинительный болт
- rohr	удлинительная труба
verlangsamen	замедлять
Verlangsamungskontrolle	контроль замедления
verlassen	покидать
verlegen	прокладывать
Verlegung	прокладка
Verlegungsart	вид прокладки
Verlust	потеря
Verlustfaktor	фактор потерь
Vermessung	измерение
vernickelt	никелированный
Verpackungsmittel	упаковочное средство
verriegeln	блокировать
Verriegelung	блокировка
Verriegelungs'bock	стойка для крепления блокирующего механизма
- bolzen	блокирующий болт
- feder	пружина блокирования
- leiste	рейка для блокирования
- mechanismus	механизм фиксации, механизм блокирования
- schaltung	блокирующая схема
- welle	блокирующий вал
- zylinder	блокирующий цилиндр
Verrohren	проводка трубопроводов
Vorrohrungsplan	план прокладки трубопровода
Verschalung	опалубка
verschiebbar	передвигаемый
Verschiebe'bühne	перемещаемый пост
- holm	штанга
- lineal	перемещаемая линейка
verschieben	перемещать
Verschieben	перемещение
Verschieber	манипулятор

Verschieber'holm		штанга манипулятора
- lineal		линейка манипулятора
- rollgang		передвижной рольганг
Verschiebe'schlitten		передвижные салазки
- sicherung		фиксация против перемещения
- spindel (Bewegungsschraube)		ходовой винт
- spindel		шпиндель перемещения
- teil		деталь перемещения
- untersatz		опора перемещения
- vorrichtung (Manipulator)		манипулятор
- vorrichtung		устройство для перемещения
- wagen		передвижная тележка
- zylinder		цилиндр перемещения
Verschiebung		перемещение
Verschlag		отшивка
Verschleiß'festigkeit		износостойкость
- leiste		изнашиваемая направляющая
- leiste		изнашивающаяся планка
- platte		изнашивающаяся плита
- stück		изнашивающаяся деталь
- teil		изнашивающаяся деталь
- teilliste		перечень изнашивающихся деталей
verschließbar		закрываемый
Verschließen		закрывать, запирать, замыкать
Verschluß'kupplung		разъёмная муфта
- lamelle		створка затвора
- rohr		заглушка
- schraube		резьбовая пробка
- teil		замыкающее устройство
- zeit		автоматическая выдержка
verschmutzt		загрязнено
Verschmutzungsanzeige		индикатор степени загрязнения
Verschraubung		резьбовое соединение
Verseilung		скрутка
versetzt		со смещением
Versorgung		снабжение
Versorgungs'kreislauf		цикл снабжения
- leistung		мощность снабжения
- leitung		линия снабжения
- spannung		питающее напряжение

Verspannen	затяжка
Verspannung	перетяжка при зажиме, чрезмерное натяжение, чрезмерное напряжение
Verstärker	усилитель
- pumpe	насос для увиличения давления
- stufe	ступень усиления
Verstärkung	усиление
Verstärkungsverhältnis	коэффициент усиления
Versteifungs'blech	фасонка
- rippe	ребро жёсточки
Verstellantrieb	севропривод
verstellbar	регулируемый
Verstell'gerät	исполнительный аппарат
- gestänge	регулировочный рычажный механизм
- hebel	регулировочный рычаг
- mechanismus	рычажный механизм перемещения
- rolle	регулировочный ролик
- schraube	установочный винт
- spindel	регулировочный ходовой винт
Verstellung	перемещение
Verstellungsgeschwindigkeit	скорость перемещения
Verstellzylinder	регулировочный цилиндр
verstemmen	зачеканить
verstiften	фиксировать штифтом
verstopfen	засорить
Verstrebung	подпорка
Verstrebungsteil	распорные детали
Verteiler	распределитель
- band	распродолительный конвейер
- block	распределительный блок
- feld	распределительное поле
- getriebe	распределительная коробка
- leiste	распределительная планка
- rohr	распределительная труба
- rollgang	распределительный рольганг
- schrank	распределительный шкаф
- stück	распределительный блок
Verteil'rollgang	распределительный рольганг
- stück	распределительный блок
Verteilungsanlage	распредустройство

Verteilungsklappe	заслонка распределения
vertikal	вертикально
Vertikal'ablenkkoeffizient	коэффициент вертикального отклонения
- ablenkung	вертикальное отклонение
- anstellung	вертикальная установка
- betrieb	вертикальный режим работы
- gerüst	вертикальная клеть
- getriebe	вертикальный редуктор
- hub	вертикальный ход
- innengerüst	вертикальная внутренняя клеть
- staffel	группа вертикальных клетей
- verband	вертикальная связь
- wagen	вертикальная тележка
- walzgerüst	вертикальная прокатная клеть
- zugstange	вертикальная тяга, вертикальная
zugstange	упряжная тяга
- zweiwalzengerüst	вертикальная двухвалковая клеть
Verunreinigung	загрязнение
verzahnen	зацеплять
Verzahnung	зубчатое зацепление
Verzahnungs'dateneinstellwert	данные зацепления - регулируемые параметры
- faktor	коэффициент несинусоидальности
- faktor	коэффициент искажения напряжения
- qualität	качество зацепления
verzinkt	оцинкованный
Verzinkung	цинкование
verzögern	замедлять
Verzögerung	запаздывание, задержка, замедление
Verzögerungs'stellung	место задержки
- takt	такт задержки
- zeit	время задержки
Verzweigungspunkt	точка разветвления
Vibrations'dämpfung	виброизоляция
- sieb	вибрационное сито
Vibrator	вибратор
- sieb	сито вибратора
Vielhebelvorstoß	многорычажный упор
Vielkeilprofil	шлицевой профиль
Vierkant	четырёхгранник

Vierkant'ansatz	квадратная насадка
- büchse	четырёхгранная втулка
- material	четырёхгранный материал
- rohr	квадратная труба
- scheibe	квадратная шайба
- schraube	винт с квадратной головкой
- stahl	квадратная сталь
Vierkurbelschere	четырёхкривошипные ножницы
Vierleitersystem	четырёхпроводная схема
viertel	четверть
- jährlich	каждые три месяца
Vierzonenofen	четырёхзонная печь
virtuell	мнимый, виртуальный
Visierrohr	смотровая трубка
Viskosität	вязкость
Voll'gußkausche	коуш из сплошной отливки
- last	полная нагрузка
- meldung	сигнализация о наполненном состоянии бака
vollständig	полностью
Voll'steckschlüssel	массивый торцовый ключ
- wandbauteil	сплошностенчатый элемент
Volt	Вольт
Voltmeter	вольтметр
Volumenstrom	объёмный ток
vor Ort	на месте, с места
Vorarbeit	подготовительная работа
Vorabschaltung	предварительное отключение
Vorabscheider	предварительное отделение
vorbearbeitet	предварительная обработка
Vorbearbeitung	предварительная обработка
Vorbedingung	предварительное условие
Vorbereitung	приготовление
Vorbeschleunigung	предварительное ускорение
Vorblock	блюм, блум
vorbohren	предварительное сверление
Vorder'ansicht	вид спереди
- ansichtszeichnung	чертёж фасада
- kante	передняя кромка
Vorderschopf	передний конец

Vorderschopf'abweiser	отводящее устройство переднего конца
- schnitt	резка переднего конца
Vorderseite	передняя сторона
Vordrehmaß	размер предварительной обточки
Vordruck	давление до элемента
Voreilung	опережение
voreingestellt	предварительно задано
Voreinstellung	предварительная установка
Vorendabschaltung	предварительное конечное отключение
vorfahren	передвинуть вперёд
Vorfilter	фильтр предварительной очистки
Vorfülldruck	давление предварительного наполнения
vorgebrannt	обожжённый
Vorgelegewelle	вал перебора
Vorgerüst	черновая клеть
vorgesehen	предусмотрено
vorgespannt	предварительно напряжёный
vorgewärmt	подогретый
Vorhängeschloß	висячий замок
vorhanden	наличие
Vorheizbrennglas	газ для подогрева
vorheizen	подогреть
Vorheiz'position	позиция подогрева
- sauerstoff	кислород для подогрева
- schildsauerstoff	кислород защиты для подогрева
Vorheizung	подогрев
Vorhub	предварительный ход
vorkippen	опрокинуть вперёд
Vorlagebehälter	сборник
Vorlast	предварительная нагрузка
- unterdrückung	подавление предварительной нагрузки
Vorlauf	ход вперёд, предварительный ход
- druck	давление в подающей линии
- entleerung	опорожнение подающей линии
- filter	фильтр в подающей линии
- leitung	подающая линия
- öltemperatur	температура масла в подающей линии
- sammler	питательный сборник
vorlaufseitig	на подаче
Vorlauftemperatur	температура в подающей линии

Vorlaufwasserversorgung	подающая линия водоснабжения
Vorleiterpaar	воронковая пара
Vormagnetisierung	предварительное намагничивание
Vorort'pult	локальный пункт управления
- steuerstelle	призабойное место управления
- steuertafel	местный щит управления
- steuerung	местное управление
Vorpositionieren	предварительное позиционирование
Vorrang	преимущество
Vorratsflasche	запасной баллон, резервный баллон
Vorraum	тамбур
vorrecken	предварительно вытянуть
Vorsatzlinse	насадная линза
vorschalten	переключить
vorschieben	подать
Vorschiebetisch	стол подачи
Vorschiebung	подача
Vorschmierung	предварительная смазка
Vorschneidezahn	зуб для черновой смазки
Vorschub	подача
- geschwindigkeit	скорость подачи
- getriebe	механизм подачи
- kopf	подающая головка
- zylinder	цилиндр подачи
Vorschweiß'bund	приварной патрубок
- flansch	фланец, приваренный встык
vorschwenken	повернуть
vorsehen	предусмотреть
vorspannen	предварительно натянуть
Vorspannkraft (Werkstoffprüfung)	усилие предварительного напряжения
Vorspannkraft (z.B. Riemen)	усилие предварительного натяжения
Vorspannung	предварительное натяжение
Vorspannung	предварительное напряжение
Vorstellung	преднастройка
Vorsteuer'einheit	узел предварительного регулирования
- einsatz	управляющий патрон клапана
- system	система предварительного управления
Vorsteuerung	предварительное регулирование
Vorsteuerungssystem	система предварительного регулирования
Vorsteuerventil	клапан предварительного управления

Vorstoß	упор
- bock	стойка упора
- hebel	рычаг упора
- kante	кромка упора
- linie	передняя грань упора
- platte	упорная плита
- rahmen	рама упора
- schild	щит упора
- system	система упора
Vorstraße	черновой стан
vortakten	предтактировать
Vorverstärker	предварительный усилитель
vorwählen	предварительно выбрать
Vorwärmezone	зона подогрева
Vorwärmofen	печь нагрева
vorwärts	вперёд
Vorwärts - Rückwärts - Schalter	возвратно-поступательный выключатель
Vorwärts - Rückwärts - Zähler	двунаправлённый счётчик
Vorwärtsrichtung	направление вперёд
Vorwahl	предвыбор, предыскание
- getriebe	передача с предварительным выбором скоростей
Vorwasser	вода подающего провода
Vorwasser - Feststoffanteil	содержание твёрдого вещества в воде подающего провода
Vorwiderstand	предварительное сопротивление, добавочное сопротивление
Vorziehdrehmoment	крутящий момент предварительного натяжения
Vorziffer	предварительные знаки

Waage	весы
Waagen'rollgang	весы-рольганг
- steuerung	управление весами
waagrecht	горизонтально
Wabenbündel	пачка сотов
Wägeanlage	весы
Wägezelle	взвешивающая ячейка
Wägung	взвешивание
Wägungszeit	время взвешивания
Wähler	селектор
Wählschalter	многопозиционный переключатель
wälzgelagert	на подшипниках качения
Wälzlager	подшипник качения
- anordnung	расположение подшипников качения
- liste	перечень подшипников качения
Wälzlagerung	установка на подшипниках качения
Wälzlagerwerkstatt	мастерская для ремонта подшипников качения
Wärme'abführung	отвод тепла
- abfuhr	отвод тепла
- abschirmung	тепловая защита
- anlage	нагревательная установка
- aufnahmefähigkeit	теплоёмкость
- austausch	теплообмен
- begrenzung	ограничение количества тепла
- behandlung	термообработка
- beständigkeit	термическая стойкость
- dämmung	теплоизоляция
- dehnung (Laugung)	тепловое удлинение
- dehnung (Verbreitung)	тепловое расширение
- einstrahlung	тепловое излучение
- entwicklung	тепловыделение
wärmeisoliert	с теплоизоляцией
Wärme'kraftrohrleitung	теплосиловой трубопровод
- leistung	теплопроизводительность
- leitfähigkeit	теплопроводность
- leitmittel	средство теплопроводимости
- menge	тепловой расход
- ofen	печь нагрева
- pumpe	тепловой насос

Wärme'schutz	теплозащита
- strahlung	теплоизлучение
- tauscher	теплообменник
wärmetechnisch	теплотехнический
Wärme'übertragung	теплопередача
- verlust	теплопотери
- wirtschaft	теплосиловое хозяйство
Wagen	тележка
- aufsatz	насадка тележки
- bock	стойка тележки
- position	позиция тележки
- rahmen	рама тележки
- unterteil	рама передвижения тележки
Wahl'düse	выборочное сопло
- schalter	многопозиционный переключатель
wahlweise	переключение по выбору
Walker - Ring	уплотнительное кольцо Walker
Walkpenetration	валочная пенетрация
Walz'armatur	прокатная арматура
- balken	проводковый брус
- balkenklemmung	зажим проводкового бруса
walzbereit	готово к прокатке
Walzdruck	давление прокатки
Walze	валок
Walzen'abdrehung	обточка валка
- ablage	место укладки валка
- achse	ось валка
- ader	ось прокатки
- anstellung	установка валка
- armaturtransportgehänge	подвеска для транспортировки валовой арматуры
- aufteilung	расположение валков
- ausbalancierung	сбалансирование валка
- ausgleichsventil	клапан уравновешивания валка
- ballen	бочка валка
- baustand	стенд для разборки и сборки валка
- bearbeitungswerkstatt	вальцетокарная мастерская
- dreherei	вальцетокарная мастерская
- durchbiegung	прогибание валка
- durchmesser	диаметр валка

Walzen'gehäuse	корпус валка
- geometrie	геометрия валка
- gerüst	клеть валка
- halterung	крепление валка
- hürde	стеллаж для валка
- kaliber	калибр валка
- kühlrohr	труба для охлаждения валка
- kühlung	охлаждение валка
- kühlung (Vorrichtung)	устройство охлаждения валка
- kühlwasser	вода для охлаждения валка
- kupplung	валковая муфта
- lagerung	подшипник валка
- mittenverstellung	механизм для установки прокатной оси
- platz	место для укладки валка
- satz	комплект валков
- seite	сторона валка
walzenseitig	со стороны валка
Walzen'ständer	станина прокатной клетки
- standzeit	срок службы валка
- temperatur	темперетура валка
- transportgehäuse	подвеска для транспортировки валка
- treffer	валковая муфта
Walzenwechsel	перевалка волков
- kettenförderer	цепной транспортёр для перевалки валков
- schlitten	салазки для перевалки валков
- vorrichtung	механизм для перевалки валков
- wagen	перевалочная тележка
Walzen'welle	ось валка
- werkstatt	валовкая мастерская
Walzgerüst	прокатная клеть
- kassette	кассета прокатной клети
- staffel	группа прокатных клетей
Walz'gut	прокатываемый материалл
- gutspitze	упорный центр прокатываемого материала
- guttemperatur	температура прокатываемого материала
- kassette	кассета прокатной клети
- kassettenklemmzylinder	зажимный цилиндр кассеты прокатной клети
- knüppel	прокатываемая заготовка

Walzkraft	усилие прокатки
- anzeige	индикация усилия прокатки
- geber	датчик усилия прокатки
- meßausrüstung	оборудование измерения усилия прокатки
- meßeinrichtung	устройство для измерения усилия прокатки
- messung	измерение усилия прокатки
Walz'linie	линия прокатки
- material	прокатываемое изделие
- mitte	ось прокатки
- motor	двигатель валков
- programm	программа прокатки
- prozeßsimulation	моделирование процесса прокатки
- richtung	направление прокатки
- ring	прокатное кольцо
- schichtplan	сменный график прокатки
- schlacke	окалина
- spalt	зазор валка
- straße	прокатный стан
- temperatur	температура прокатки
- werk	прокатный стан, прокатный цех
- werksflur	пол цеха
Wand	стена
- anker	анкар в стене
- aufhängung	настенный монтаж
- befestigung	элемент крепления в стене
- blech	настенная жесть
Wanderlast	подвижная нагрузка
Wandfertigblock	сборная панель стены
Wandlaufkran	настенный передвижной кран
Wandler	преобразователь
Wand'leuchte	настенный светильник
- paneele	панель для стен
- verkleidung	облицовка стен
Warm'arbeitsstahl	инструментальная сталь для горячих штампов
- maß	размер в горячем состоянии
- säge	пила горячей резки
- sägelinie	линия пилы горячей резки
Warmsägen	пилы горячей резки

Warm'sägenlinie		линия пил горячей резки
	- schere	ножницы горячей резки
	- schnittlänge	длинапореза на пилах горячей резки
	- schopfschere	ножницы горячей резки для обрезки концов
	- teil	горячая часть
Warn'leuchte		сигнальная лампа
	- schild	предупреждающий щиток
Warnung		предупреждение
Warte		пункт управления
Warte'position		позиция ожидания
	- stellung	положение ожидания
	- zeit	время ожидания
Wartung (vorbeugend)		профилактика
Wartungs'anleitung		инструкция по техобслуживанию
	- bühne	площадка обслуживания
	- einheit	узел обслуживания
	- feld	панель технического обслуживания
	- feld	инженерная панель
wartungsfrei		не требующий обслуживания
Wartungs'freiraum		свободное место для обслуживания
	- gerät	устройство для техобслуживания
	- leuchte	лампа техобслуживания
	- podest	площадка для ремонта и обслуживания
	- programm	программа обслуживания
	- raum	помещение обслуживания
	- unterlagen	документация обслуживаний
Waschmaschine		моечная машина
Waschmittellösung		моечный раствор
Wasser		вода
Wasser - Luft - Rückkühler		охладитель для замкнутого цикла вода-воздух
Wasser'abfluß		спуск воды
	- ablauf	сток
	- abscheider	отделитель воды
	- anschluß	патрубок для воды
	- aufbereitung	водоподготовка
	- aufbereitungsanlage	установка водоподготовки
	- austritt	выход воды
	- behälter	сборник воды

wasserdicht	водонепроницаемый
Wasser'druck	давление воды
- drucksignalisator	сигнализатор давления воды
- einbruch	прорыв воды
- eintritt	вход воды
- erhitzer	нагреватель воды
- filter	водяной фильтр
- gehalt	содержание влаги
wassergekühlt	водоохлаждаемый
Wasser'kasten (Behälter)	водяная ёмкость
- kasten (Vorrichtung)	устройство водяного охлаждения
- keller	водоподвал
- klappe	водяной клапан
- kreislauf	водяной цикл
- kühlstrecke	линия водяного охлаждения
- kühlung	водяное охлаждение
Wasser'niveau	уровень воды
- pumpe	водяной насос
- raum	водяное пространство
- rücklauf	возврат воды
- schema	схема водоснабжения
- spiegel	уровень воды
- system	система оборотной воды
- tank	водяной бак
- tasse	водяной бак
- versorgung	водоснабжение
- versorgungsnetz	сеть водоснабжения
- vorlauf	подача воды
- wärmer	подогреватель воды
- warner	прибор предупредительной сигнализации при попадании воды в систему
- zufuhr	подвод воды
- zulauf	приток воды
Wechsel'bühne	сменная площадка
- einrichtung	перевалочное устройство
- feldjoch	ярмо переменного тока
- filter	сменный фильтр
- kassette	сменная кассета
- kolbenpumpe	чередующий поршневой насос
- lichtschranke	чередующий фотоэлемент

wechseln	сменять
Wechsel'platte	сменная плита
- plattenschrank	шкаф для сменных дисков
- position	позиция замены
- prozeß	процесс замены
- reserveteil	сменная резервная часть
- richter	инвертор
- richtersperre	блокировка инвертора
- richtertrittsperre	блокировка хода инвертора
- schlitten	сменные салазки
- spannung	переменное напряжение
- sprechanlage	переговорная установка
- stand	стенд для замены
- strom	переменный ток
- stromautomat	автомат переменного тока
- stromerzeuger	электрический генератор переменного тока
- teil	сменная деталь
- vorrichtung	перевалочное устройство
- wagen	сменная тележка
Wechsler	переключающий контакт
Wegabschnittskennung	код участка пути
Weganzeige	индикация пути
Wege'einbauventil	ходовой встроенный клапан
- nummer	номер трассы
- schieber	ходовой шибер
- ventil (Rexroth)	распределитель
- ventil	ходовой клапан
Weg'geber	датчик пути
- kennung	код пути
- messung	измерение пути
wegoptimal	оптимально по траектории
wegrutschen	скольжение
Weg'schalter	путевой выключатель
- vorwahl	выбор пути
Wehrbefestigung	арматура
weichdichtend	с мягким уплотнением
Weichdichtung	мягкое уплотнение
Weiche	стрелка
Weichenhebel	стрелочный рычаг

Weichen'rutsche	срелочный жёлоб
- zunge	стрелочный остряк
Weiterschaltbedingung	условие последовательного переключения
Welle	вал
Wellen'dichtring	кольцо для уплотнения вала
- dichtung	уплотнение вала
- ende	конец вала
- kupplung	муфта для вала
- lager	подшипник вала
- reifen	резиновое кольцо муфты
- stumpf	конец вала
- stumpfkappe	колпачок концевой цапфы
- widerstand	валовое сопротивление
- zapfen	шейка вала
Wende'bett	поворотный холодильник
- hebel	поворотный рычаг
- kette	кантующая цепь
- kühlbett	поворотный холодильник
Wendel	спираль
wenden	повернуть
Wendepol	дополнительный полюс
- kern	сердечник добавочного полюса
- temperaturmessung	измерение температуры дополнительного полюса
- wicklung	обмотка добавочного полюса
Wendepunkt	точка поворота
Wender	кантующее устройство
Wende'schütz	реверсивный контактор
- takt	такт поворота
- vorrichtung	кантующее устройство
Werks'montage	сборка на заводе
- netz	цеховая сеть
- plan	план цеха
Werkstättenfundament	фундамент мастерской
Werkstatt	мастерская
- montage	заводская сборка
- raum	помещение мастерской
- zeichnung	рабочий чертёж
Werkstoff	материал
- analyse	анализ материала

Werkstoff'gehäuse	материал-корпус
- prüfung	испытание материала
- wert	параметр материала
Werkstück	изделие
- anlagekante	упорная кромка для изделия
Werkzeug'gewicht	вес инструмента
- harz	инструментальная смола
- kasten	инструментальный ящик
- manipulatorgewicht	скорость передвижений инструментального манипулятора
- manipulatorfahrgeschwindigkeit	путь передвижения инструментального манипулятора
- manipulatorfahrweg	вес инструментального манипулятора
Werkzeugnis	заводской сертификат
Werkzeug'stahl	инструментальная сталь
- verstellung	перестановка инструмента
Wert	значение
Wickel'einsatz	обмоточная головка
- länge	длина наматывания
- maschine	сматывающее устройство, намоточное устройство
- stift	штырёк обмотки
- strom	вихревой ток
Wicklung	обмотка
Wicklungs'daten	обмоточные данные
- kraft	усилие обмотки
- schaltbild	схема соединения обмоток
Widerstand	сопротивление
Widerstand (Vorrichtung)	резистор
Widerstands'bereich	диапазон сопротивления
- gerät	прибор сопротивления
- netzwerk	сопротивление электрической цепи
- thermometer	термометр сопротивления
- thermostat	термостат сопротивления
Wieder'anlauf	повторный пуск
- einschaltung	повторное включение
- herstellung	восстановление
wiederholen	повторить
Wiederholungseinschaltung	повторное включение
Wiegebunker	весовой бункер

Wiege'einrichtung	весоизмерительное устройство
- genauigkeit	точность взвешивания
Wiegen	взвешивание
Wind'fahne	реле потока
- fang	тамбур
- fangschleuse	тамбур-шлюз
- kessel	воздушный колпак
Windung	виток
Windungs'einlauf	подача витка
- leger	устройство прокладки
Winkel (Stahl)	угловая сталь
Winkel	угол
Winkel'einschraubverschaubung	угловое резьбовое штуцерное соединение
- einstellung	установление угла
- geber	датчик углов
- hebel	трёхплечный рычаг
- schrittgeber	датчик угловых перемещений
- stahl	угловая сталь
- stecker	угловой штеккер
- stück	угольник
- verschraubung	угловое резьбовое соединение
- walzung	прокатка угловой стали
Wippe	качающийся жёлоб
Wippschalter	опрокидывающий выключатель
Wirbelgeschwindigkeit	вихревая скорость
Wirk'belastung	активная нагрузка
- druckmeßumformer	преобразователь рабочего давления
- leistung	активная мощность
- leistungsverbrauch	расход активной мощности
Wirkungs'bereich	зона действия
- grad	коэффициент полезного действия
Wirkverbrauchszähler	счётчик активной электроэнергии
Wirkwiderstand	действующее сопротивление
Wobbeln	качание
Wochen'plan	недельный план
- planung	недельное планирование
Wort	слово
- länge	длина слова
wünschen	желать

Würgenippel   ниппель для скрутки
Wulst   бульба, утолщение, выступ

X - Y Schreiber   двухкоординатный самописец

zählen	считать
Zähler	счётчик
- information	информация счётчика
- schrank	шкаф для счётчика
- stand	стенд счётчика
Zähl'impuls	счётный импульс
- richtung	направление счёта
- stellung	счётная позиция
- wert	числовое значение
Zähnezahl	число зубьев
Zahn'breite	ширина зуба
- form	профиль зуба
- fußhöhe	высота ножки зуба
- kopfhöhe	высота головки зуба
- kranz	зубчатый венец
- kupplung	зубчатая муфта
- lücke	впадина между зубьями
- mitte	середина зуба
Zahnrad	зубчатое колесо
- daten	данные зубчатого колеса
- getriebe	зубчатая передача
- hochdruckpumpe	шестерённый насос высокого давления
- paar	пара зубчатых колёс, шестерённая пара
- pumpe	шестерённый насос
- teilung	шаг зубьев зубчатого колеса
- vorgelege	зубчатый контрпривод
Zahn'riemen	зубчатый ремень
- ring	зубчатое кольцо
- rücken	спинка зуба
- scheibe	зубчатая упругая шайба
- spiel	зазор между зубьями
- stange	зубчатая рейка, кремальера
- stangenwinde	реечный домкрат
- weite	длина общей нормали зубьев
Zange	клещи, цанга
Zangen'greifer	клещевой захват
- körper	корпус клещей
- mitte	ось клещей
- träger	клещедержатель
- vorschub	подача клещей

Zangenvorschubzylinder	цилиндр для подачи клещей
Zapex - Kupplung	муфта Царех
Zapfen	цапфа, подсочка
- länge	длина цапфы
- schraube	винт с цилиндрическим концом
Zehnertastatur	десятичная клавиатура
Zeichen	знак, обозначение
Zeichen	символ, сигнал, отметка, марка
Zeichen'darstellung	изображение знаков
- erklärung	объяснение символа
- vorrat	набор знаков
zeichenweise	вид черчения, способ черчения
zeichnerisch	чертёжный
zeichnen	рисовать, чертить
Zeichnung	рисунок, чертёж
Zeichnungs'änderung	изменение чертежа
- lieferung	поставка чертежа
- nummer	номер чертежа
- tasche	футляр для чертежа
Zeiger	стрелка
Zeigerscheibe	циферблат
Zeile	строка
Zeit	время
- ablenkung	отклонение по времени
- basis	базис времени
- baugruppe	блок времени
- baustein	модуль времени
- dauer	продолжительность
- diagramm	временная диаграмма
- geber	датчик времени
zeitgesteuert	временное управление
Zeit'glied	блок временных функций
- konstante	постоянная времени
zeitoptimal	оптималь по времени
Zeit'relais	реле времени
- schalter	выключатель с выдержкой времени, выключатель с часовым механизмом
- schaltwerk	таймер
- takt	время такта
- taktsteuerung	управление временем такта

Zeit'werk	таймер
- werkmotor	шаговой мотор
- zähler	счётчик времени
- zählung	подсчёт времени
Zellenluftfilter	секционный воздушный фильтр
Zellkautschuk	ячеистая резина
Zementverguß	цементная подливка
Zener - Diode	диод Зенера, полупроводниковый стабилитрон
zentral	центрально
Zentral'baugruppe	центральный узел
- baugruppenträger	носитель центральных узлов
- einheit (Gerät)	центральный блок
- einheit (Vorrichtung)	центральное устройство
- gerät	центральный блок
zentralisieren	централезировать
Zentral'lager	центральный склад
- prozessor	центральный процессор
- schmierpumpe	центральный смазочный насос
- schmierung	централизованная система смазки
- schrank	центральный шкаф
- speichereinheit	центральное запоминающее устройство
- steuerstand	центральный пост управления
Zentrier'ansatz	центрирующий буртик, центрирующий поясок
- bohrung	центровое отверстие
- bolzen	центрирующий болт
zentrieren	центрировать
Zentrier'passung	центрирующая цапфа
- platte	центрирующая плита
- ring	центрирующее кольцо
- scheibe	центрирующая шайба
- stift	центрирующий штифт
Zentrierung (Vorrichtung)	центрирующий элемент
Zentrierung (Vorgang)	центрирование
Zentrifuge	центрифуга
Zerhacker	вибропреобразователь, прерыватель
ziehen	тянуть, натягивать
Ziehfolge	скорость разгрузки
Ziel	цель

Ziel'gerät	прибор определения цели
- ort	адрес назначения
- position	целевая позиция
Ziffer	число
Ziffern'anzeige	цифровое табло
- anzeigelampe	цифровая индикаторная лампа
- einstellung	настройка цифр
- rad	цифровое колесо
- verstellung	перестановка цифр
Zinn'absauger	удалитель олова
- blech	оловянный лист
Zentrale Ölschmierung	централизованная система жидкой смазки
Zoll	дюйм
Zone	зона
Zonen'sicherheitsventil	защитный клапан для зон
- sammler	коллекторы зон
- temperatur	температура зоны
Zubehör	принадлежности
zueinander	друг к другу
Zünd'automat	устройство зажигания
- brenner	пилотная горелка
- elektrode	зажигательный электрод
- flamme	зажигание
- impuls	импульс зажигания
- impulsüberträger	передатчик импульса зажигания
- kerze	свеча зажигания
- luft	воздух к пилотной горелке
- luftgebläse	вентилятор для отсоса зажигающего газа
- trafo	трансформатор зажигания
- troß	трансформатор зажигания
Zündung	зажигание
Zündwinkel	угол зажигания
Zufluß	подвод
Zuführmechanismus	механизм подвода
Zuführrollgang	подводящий рольганг
Zuführungspunkt	точка ввода
Zufuhr	подача
Zufuhrrollgang	подводящий рольганг

Zufuhr'rost	подводящая решётка
- stück	подводящая деталь
Zugabe	припуск
Zugang	вход
Zugangsbühne	посадочная площадка
Zug'anker	натяжной анкер
- anker	стяжной болт
zugehörend	соответствующий
zugehörig	соответственный
Zug'entlastungsschelle	обойма натяжения
- feder	пружина растяжения
- fehlen	отсутствие тяги
- festigkeit	предел прочности при разрыве
- gabel	вилка с пружиной растяжения
- gestänge	тяговая штанга
- kraft	сила тяги
- lasche	стяжная планка, натяжная серьга
- luft	приточный воздух
- probe	испытание на растяжение
Zugriff	доступ
Zugriffszeit	время обращения
Zugspindel	ходовой валик, ходовой вал
Zugstange	тяговый брус
Zugstangenhebel	рычаг тягового бруса
Zukunft	будущее
zulässig	допустимый
Zulauf (Vorgang)	подвод
Zulauf (Leitung)	подводящая линия
Zulauf'druck	давление в подающей линии
- leitung	подводящий трубопровод
- rollgang	подводящий рольганг
Zuleitung	подвод
zulöten	запаять
Zuluft	приточный воздух
- gerät	прибор приточного воздуха
- gitter	решётка приточного воздуха
- kanal	канал для приточного воздуха
- temperatur	температура приточного воздуха
zumauern	закладывать
Zunahme	прирост, приращение, увеличение

Zunder'abführung	гидросмыв окалины
- beseitigung (hydraulisch)	гидрошлакоудаление
- beseitigung (Entfernung)	удаление окалины
- kasten	короб для окалины
- rost	решётка для окалины
- sammeleinrichtung	устройство для сбора окалины
Zunge	открылка
zurück	назад
- fahren	передвинуть назад
- geben	возвратить
- kippen	опрокинуть назад
- schieben	возвратить
- schwenken	повернуть назад
- ziehen	отводить назад
zusätzlich	дополнительно
Zusammen'fahren	столкновение
- fahrsicherung	предупреждение столкновения
zusammen'schieben	сдвинуть вместе
- schrauben	свинчивание
- schweißen	сваривание
- stellen	компанировать
Zusammenstellung	компановка
Zusammenstellungszeichnung	компановочный чертёж
zusammenwirken	работать вместе
Zusatz'anweisung	дополнительная инструкция
- bestückung	дополнительная компенсация
- einheit	дополнительное устройство
- funktion	дополнительная функция
- klemme	дополнительная клемма
- markierung	дополнительная маркировка
- temperaturaufzeichnung	дополнительная запись температуры
Zuschaltung	подключение
Zustand	состояние
Zustands'merker	маркер состояния
- merkerwort	маркерное слово состояния
- wechselzeit	время смены состояния
- wort	слово состояния
Zutransport	подача
Zutritt	доступ

Zwangsflußstrecke	заданный маршрут поштучного перемещения металла
zwangsläufig	принудительный, вынужденный
Zwangszuführung	принудительная подача
zweiadrig	двухжильный
zweifach	двойной
Zweifachschreiber	двухканальное записывающее устройство
zweiflügelig	двухсторчатая
Zweig'sicherung	секторный предохранитель
- sicherungsüberwachung	контроль секторного предохранителя
Zweikanalverstärker	двухканальный усилитель
Zweikontaktblendemeßeinrichtung	двухконтактный дифманометр
Zweikoordinatenlinienschreiber	двухкоординатный линейный самописец
Zweileiter'schmiersystem	двухпроводниковая смазочная система
- system	двухмагистральная концевая система
Zweiloch'flanschlager	фланцевый подшипник с двумя крепёжными отверстиями
- mutter	гайка с двумя отверстиями под ключ
- mutterndreher	рожковый ключ
Zweimotorantrieb	привод с двумя двигателями
Zweipositions - Absperrventil	запорный двухпозиционный клапан
Zweirichtungsantrieb	двухнаправленный привод
Zweischlauchbrenner	двухпроводочная горелка
zweiseitig	с двух сторон
Zweiständer - Rotations - Anlaufkurbelschere	четырёхкривошипные летучие ножницы
Zweistufenzahnradpumpe	двухступенчатый шестерённый насос
zweiteilig	разъёмный
zweiteilig	двухсекционный
Zweiwalzen - Gerüst	двухвальковая клеть
Zweiwalzen - Richtmaschine	двухвальковая правильная машина
Zwillingsantrieb	спаренный привод
zwischen	между
Zwischen'behälter	промежуточный резервуар
- beschichtung	промежуточное покрытие
- boden	фальцпол
- druck	промежуточное давление
- druckmanometer	манометр промежуточного давления
- einlage	промежуточный вкладыш
- elektronikschrank	шкаф промежуточной электроники

Zwischenflansch		Zylinderhalter

Zwischen'flansch		промежуточный фланец
- hülse		промежуточная втулка
- klemmkasten		межклеммная коробка
- kreis		промежуточная цепь
- lage		прокладка
- lager		промежуточный склад
- platte		промежуточная плита
- pleuelgelenk		шарнир промежуточного шатуна
- podest		промежуточная площадка
- raum		промежуточное пространство
- ring		промежуточное кольцо
- schale		промежуточный поддон
- speicher		промежуточная память
- station		промежуточная станция
- straße		промежуточная линия
- straße (Bereich)		промежуточный участок
- stück		промежуточная деталь
- traverse		траверса
- welle		промежуточный вал
- zyklus		промежуточный цикл
Zyklonenabdeckrahmen		рама перекрытия над циклоном
Zyklus		цикл
- merker		маркер цикла
- überschreitung		преодоление цикла
- zähler		счётчик циклов
- zeit		время цикла
- zeitüberschreitung		преодоление времени цикла
Zylinder		цилиндр
- abstützung		опора для цилиндра
- aufnahme		крепление цилиндра
- befestigung		крепление цилиндра
- bock		стойка цилиндра
- boden		днище цилиндра
- büchse		цилиндрическая втулка
- deckel		крышка цилиндра
- durchmesser		диаметр цилиндра
- einsatz		втулка цилиндра
- fläche		поверхность цилиндра
- grund		основание цилиндра
- halter		держатель цилиндра

Zylinderhebel
- holm
- hub
- konsole
- lager
- lagerbock
- lagerung
- nähe
- rolle
- rollenlager

- schneckengetriebe
- schraube
- spule
- steuerung
- stift
- type
- untersatz

рычаг цилиндра
поперечина цилиндра
ход цилиндра
кронштейн цилиндра
подшипник цилиндра
стойка подшипника цилиндра
подшипник цилиндра
вблизи от цилиндра
цилиндрический ролик
роликоподшипник с цилиндрическим роликом
привод с цилиндрическим червяком
винт с цилиндрической головкой
соленоид
управление цилиндром
цилиндрический штифт
тип цилиндра
подставка цилиндра